Ratgeber
# Recht & Steuern

Bernhard F. Klinger (Herausgeber)

Stefanie Scheuber, Johannes Schulte, Andreas Wolff

# Die Patientenverfügung und Vorsorgevollmacht des Immobilieneigentümers

2. Auflage

Haus & Grund®
Deutschland
*Verlag und Service GmbH*

## Impressum

Herausgegeben von Haus & Grund Deutschland
Zentralverband der Deutschen Haus-, Wohnungs- und Grundeigentümer e. V.
Mohrenstraße 33, 10117 Berlin
Telefon: (030) 2 02 16-0, Telefax: (030) 2 02 16-555
Internet: www.hausundgrund.de

Erschienen bei Haus & Grund Deutschland – Verlag und Service GmbH
Mohrenstraße 33, 10117 Berlin
2. Auflage
Juni 2011
ISBN 978-3-939787-35-8

**Haftungsausschluss:**
Diese Veröffentlichung wurde mit bestmöglicher Sorgfalt erstellt.
Sie kann aber nicht das Spruchmaterial aller deutschen Gerichte berücksichtigen. Folglich ist je nach den Einzelfallumständen mit abweichenden Gerichtsentscheidungen zu rechnen. Hinzu kommen technische Neu- bzw. Weiterentwicklungen.
Herausgeber, Verlag und Autor übernehmen keinerlei Gewährleistung für eventuell vorhandene Unvollständigkeiten, ungenaue Angaben oder Fehler sowie hinsichtlich einer Änderung von Gesetzen, Rechtsprechung, Vorschriften, technischen Normen und Regeln; weiter auch keine Gewährleistung dafür, dass der mit dem Erwerb oder der Verwendung dieser Veröffentlichung bezweckte Erfolg tatsächlich eintritt.
Die Verwendung dieser Veröffentlichung oder einzelner Teile davon geschieht ausschließlich auf eigene Verantwortung des Erwerbers oder Verwenders.
Dieser vorstehende Haftungsausschluss gilt nur für Sach- und Vermögensschäden, er gilt nicht, soweit die vorgenannten Mängel bzw. Risiken auf Vorsatz oder grobe Fahrlässigkeit des Herausgebers, Verlages oder des Autors zurückzuführen sind.

**Ergänzungen:**
Diese Veröffentlichung darf jederzeit durch Neuauflage oder Einlegeblätter geändert oder ergänzt werden, ohne dass hieraus irgendwelche Ansprüche hergeleitet werden können.

# Inhalt

# Vorwort des Herausgebers zur 2. Auflage

Nach sechsjähriger Debatte hat der Deutsche Bundestag am 18.06.2009 eine gesetzliche Regelung zur Wirksamkeit und Reichweite von Patientenverfügungen beschlossen. Nunmehr werden die Voraussetzungen von Patientenverfügungen und ihre Bindungswirkung eindeutig im Gesetz bestimmt. Endlich gibt es mehr Rechtsklarheit und Rechtssicherheit im Umgang mit Patientenverfügungen. Das neue Gesetz trat zum 01.09.2009 in Kraft.

Die Zahl alter Menschen, die pflegebedürftig in Pflegeheimen oder zu Hause versorgt werden, nimmt ständig zu. Je höher das Alter ist, desto mehr steigt das Risiko aufgrund einer alterstypischen Krankheit in Demenz zu verfallen und nicht mehr für seine eigenen Angelegenheiten sorgen zu können. 25 % der über 85-Jährigen leiden unter seniler Demenz und sind damit betreuungsbedürftig. Aber auch junge Menschen können durch Unfall oder schwere Krankheit zeitweise bewusstlos, ständig in ein Koma fallen oder dauerhaft pflegebedürftig werden. Ein weit verbreiteter Irrtum ist es, dass die nahen Angehörigen – der Ehepartner, Lebensgefährte oder die Kinder – befugt sind, in diesen Situationen die notwendigen Entscheidungen zu treffen. Tatsächlich bestehen aber keinerlei Rechtsgrundlagen hierfür. Trifft der Immobilieneigentümer keine Vorsorge, wird das Vormundschaftsgericht einen Amtsbetreuer einsetzen, auf dessen Auswahl die Familie des Betroffenen im Regelfall wenig Einfluss nehmen kann. Dies kann aber mittels einer Vorsorgevollmacht verhindert werden: Die Bevollmächtigung gibt einer Vertrauensperson die Möglichkeit, stellvertretend für den Immobilieneigentümer zu entscheiden und zu handeln. Die Möglichkeiten der Medizin, durch Einsatz von technischen Mitteln den Todeseintritt zu verzögern, schreiten stetig voran. Das Leben wird oft durch eine – teilweise unwürdige und manchmal fragwürdige – Apparatemedizin künstlich erhalten. Auch hier sollte der Immobilieneigentümer Vorkehrungen treffen: Mit einer Patientenverfügung kann festgelegt werden, wie er bei Entscheidungs- und Handlungsunfähigkeit (Unfall, Krankheit, Alter) von den behandelnden Ärzten und Pflegekräften medizinisch versorgt und gepflegt werden möchte. Bei einer repräsentativen Umfrage der Bertelsmann Stiftung erklärten nur 10 % der Befragten, dass sie eine Patientenverfügung errichtet hätten. Hier besteht also dringender Handlungsbedarf. Dieser Ratgeber gibt dem Immobilieneigentümer Antworten auf alle Fragen rund um das Thema Patientenverfügung und Vorsorgevollmacht. Expertentipps und Mustertexte erleichtern die Gestaltung der Vorsorgeregelung. Juristische Vorkenntnisse sind für das Verständnis dieses Ratgebers nicht erforderlich.

Bernhard F. Klinger, Herausgeber dieses Ratgebers, Fachanwalt für Erbrecht in München (www.advocatio.de) und Vorstand des Netzwerks Deutscher Erbrechtsexperten (www.NDEEX.de)

# 1.Teil: Die Patientenverfügung des Immobilieneigentümers

## A. Einleitung

Mit Inkrafttreten des Dritten Gesetzes zur Änderung des Betreuungsrechts am 01.09.2009 wurde nun endlich die jahrelange Diskussion um die gesetzliche Verankerung der Patientenverfügung beendet. Wenngleich in der Rechtspraxis das Institut der Patientenverfügung seit langem anerkannt war und von vielen Deutschen auch genutzt wurde, dauerte die rechtspolitische Einigung sechs Jahre.

Bereits im September 2003 wurde die Arbeitsgruppe „Patientenautonomie am Lebensende" ins Leben gerufen, die im Juni 2004 ihren Abschlussbericht vorlegte. Im März 2007 lagen dann drei äußerst unterschiedliche Gesetzesentwürfe vor. Streitpunkt war insbesondere der Umfang des Selbstbestimmungsrechts, das jedem Einzelnen gesetzlich eingeräumt werden sollte, sowie die einzuhaltende Form. Erst im Juni 2009 einigte man sich letztendlich auf eine gemeinsame Beschlussempfehlung.

Nach einer neuen Emnid-Umfrage aus dem Jahre 2009 gaben von 1.000 Befragten 68 % an, die Möglichkeit der Abfassung einer verbindlichen Patientenverfügung zu befürworten. Tatsächlich dürfte die Zahl derer, die eine solche Patientenverfügung abgefasst haben, weit darunter liegen. Immer noch herrschen Fehlvorstellungen vor. Die neuen gesetzlichen Regelungen sind noch nicht hinreichend bekannt. So wird nach wie vor oftmals davon ausgegangen, dass auch ohne Patientenverfügung der nächste Angehörige im medizinischen Notfall gegenüber dem Arzt, dem Pflegepersonal oder auch dem Betreuer und Bevollmächtigten die Möglichkeit hätte, über den weiteren Fortgang der Behandlung zu entscheiden. Auch ergebe sich, so die Vorstellung Vieler, aus dem Gesetz, dass Ehepartner oder Kinder zu einer Umsetzung von vormals geäußerten Wünschen des Patienten rechtlich in der Lage seien. Dies alles trifft nicht zu.

Es bleibt nun also zu hoffen, dass durch die gesetzliche Verankerung ein Umdenken herbeigeführt wird und weit mehr als bisher jeder für sich in Form der Patientenverfügung die Verantwortung übernimmt.

# B. Was ist eigentlich eine Patientenverfügung und an wen richtet sie sich?

## I. Begriff

Das Gesetz gibt in § 1901 a BGB nun eine Definition für die Patientenverfügung vor. Eine Patientenverfügung liegt vor, wenn ein einwilligungsfähiger Volljähriger für den Fall seiner Einwilligungsunfähigkeit schriftlich festgelegt hat, ob er in bestimmte, zum Zeitpunkt der Festlegung noch nicht unmittelbar bevorstehende Untersuchungen seines Gesundheitszustandes, Heilbehandlungen oder ärztliche Eingriffe einwilligt oder sie untersagt.

Mit der Patientenverfügung kann also eine Person, auf die die vorgenannten Voraussetzungen zutreffen, bestimmen, ob und wie sie behandelt wird beziehungsweise kann Behandlungen einschränken oder ganz ablehnen.

## II. Wen die Patientenverfügung angeht

Eine Patientenverfügung richtet sich an alle Personen, die mit der Betreuung des Patienten, sowohl persönlich als auch medizinisch, befasst sind, also rechtliche Betreuer, Bevollmächtigte, Pflegepersonal, Ärzte und auch Richter. Eine Patientenverfügung gibt jedem, an den sie sich richtet, Antwort auf die Frage, was er zu tun und zu unterlassen hat.

# C. Kann ich über ärztliche Maßnahmen entscheiden, solange ich mich selbst äußern kann?

## I. Grundsatz bei volljährigen Patienten

Solange der Patient entscheidungs- und einwilligungsfähig ist und sich äußern kann, ist die Kundgabe seines Willens unkompliziert möglich. Der Patient wird dem Arzt mitteilen, ob er eine empfohlene Behandlung wünscht oder nicht. An diese Aussage ist der Arzt gebunden. Ein Arzt besitzt kein eigenes Behandlungsrecht. Er darf daher nicht „zwangsbehandeln". Dies auch dann nicht, wenn aus Sicht des Arztes der Patient eine unvernünftige und lebensbedrohliche Entscheidung trifft.

## II. Menschen mit Behinderung und rechtlich Betreute

Auch Menschen mit Behinderung und Personen, die unter rechtlicher Betreuung stehen, das heißt, im Rechtssinne nicht mehr als vollständig handlungsfähig gelten, dürfen grundsätzlich über ihr Schicksal bestimmen, das heißt, Behandlungen vorgeben beziehungsweise solche ablehnen. Voraussetzung ist jedoch die Möglichkeit der Willensbildung, bestehende Einwilligungsfähigkeit, also die Fähigkeit, die Folgen der Entscheidung zu begreifen.

### III. Der an Demenz erkrankte Patient

Auch ein Patient, der an Demenz leidet, kann grundsätzlich in Behandlungen einwilligen oder sie ablehnen. Regelmäßig wird dies allerdings nur im Anfangsstadium der Krankheit noch möglich sein. Nur dann nämlich wird noch die Fähigkeit, die Folgen der Entscheidung zu begreifen, ebenso vorliegen wie die Einwilligungsfähigkeit. Liegt eine solche Situation vor, sollte unbedingt sichergestellt werden, dass die Entscheidungsfähigkeit des Patienten so unangreifbar dokumentiert wird, dass bei späterer Anwendung der Patientenverfügung keine Zweifel hieran aufkommen können. Probates Mittel ist in der Praxis häufig die Hinzuziehung eines Facharztes für Psychiatrie, der dies bescheinigt. Auch Gesprächszeugen sollten in diesem Fall dazu gezogen werden.

### IV. Kinder und Jugendliche

Kann sich der Minderjährige noch äußern, ist er grundsätzlich selbst befugt, in die ärztliche Behandlung einzuwilligen, soweit er aufgrund seiner geistigen Reife, die immer altersbedingt zu beurteilen ist, die Konsequenzen seiner Entscheidung überblicken kann. In der Regel wird dies ab Vollendung des 14. Lebensjahrs der Fall sein. Zu differenzieren ist allerdings, wie schwerwiegend der Eingriff ist. Einem Vierzehnjährigen wird man Einwilligungsfähigkeit nur für leichte Eingriffe zubilligen können. Für gefährliche Eingriffe oder tief eingreifende Behandlungsmaßnahmen wird das einwilligungsfähige Alter höher anzusetzen sein.

Kann der Minderjährige selbst aufgrund des Charakters der Maßnahme nicht einwilligen, muss die Zustimmung der sorgeberechtigten Eltern eingeholt werden. Das Recht der Eltern, zu entscheiden, endet allerdings einerseits dort, wo medizinisch nicht notwendige Maßnahmen durchgeführt werden sollen (Stichwort: Schönheitsoperation), andererseits bei der Einwilligung in den Abbruch von Behandlungen mit der Folge des Todes oder erheblichen Schadens des Kindes.

Aufgrund der übergroßen Konfliktlage ist es hier erforderlich, durch das Betreuungsgericht einen Betreuer zu bestellen, der objektiver entscheiden kann als die betroffenen Eltern.

4

## D. Bedeutet fehlende Äußerungsmöglichkeit eine Fremdbestimmung?

Wenn der Patient nicht mehr in der Lage ist, sein Schicksal in die eigene Hand zu nehmen, muss der Patientenwille auf andere Weise ermittelt werden. Grundsätzlich besteht das Recht zur selbstbestimmten eigenen Entscheidung auch dann fort, wenn sich der Patient selbst nicht mehr äußern kann.

**Was sagt der Arzt:** Angehörige fühlen sich bei Fragen des Arztes über Behandlungsmöglichkeiten häufig überfordert. So wünschen sich Angehörige oft die Ausschöpfung aller Therapiemöglichkeiten, ohne die Bedürfnisse des Patienten zu berücksichtigen. Aussagen des Patienten wie „an so einer Maschine möchte ich nie hängen" oder „ich lehne Apparatemedizin ab" werden ignoriert, weil keiner aus der Familie für den „Tod des Patienten verantwortlich sein will". Grundsätzlich müssen sich Angehörige als „Sprachrohr" für den Patienten sehen, weil er sich in der entscheidenden Situation nicht mehr selbst äußern kann. Die Patientenverfügung liefert in so einer Situation klare Entscheidungsgrundsätze für den Arzt und die Angehörigen.

In der Praxis nahezu einzig verlässliches Mittel zur Ermittlung dieses Patientenwillens ist die vorangegangene schriftliche Niederlegung des eigenen Willens über das Ob und das Wie der Behandlung. Nur so scheidet jede subjektive Wertung anderer Personen aus. Aus dem Schriftstück kann der Arzt im Rahmen der konkreten medizinischen Behandlung Rückschlüsse für den konkreten Fall ziehen und wird zusammen mit dem Bevollmächtigten beziehungsweise Betreuer entsprechende Entscheidungen fällen.

**Was sagt der Arzt:** Häufig führen schon länger bestehende Krankheiten zum Tod. Trotzdem wird das Thema „Sterben" von Patienten, Angehörigen und Ärzten oft ignoriert und tabuisiert. Nicht selten stellen sich dann die Fragen nach möglichen Behandlungen in Situationen, in denen weder der Patient noch ein Angehöriger befragt werden kann. Der Arzt geht dann in der Regel davon aus, dass eine maximale Therapie gewünscht wird.

*Beispiel: Herr A. (82 Jahre) hat seit vielen Jahren eine schwere Lungenerkrankung und kann nur noch mit einem Sauerstoffgerät leben. Die Einweisung ins Krankenhaus erfolgte wegen einer zunehmenden Verschlechterung. Herr A. weiß auf Grund der häufigen Arztbesuche von der schlechten Prognose seiner Erkrankung. Über das Thema Tod wurde in der Klinik mit den Ärzten nicht gesprochen. Eines Nachts bekam Herr A. zunehmend Luftnot, so dass der hinzugezogene Dienstarzt eine Narkose einleitete und Herrn A. auf die Intensivstation verlegte. Die Ehefrau war am nächsten Tag über das Vorgehen entsetzt, weil sie wusste, dass ihr Mann keine Intensivtherapie wollte. Herr A. verstarb sechs Wochen später auf der Intensivstation am Beatmungsgerät.*

Gerade bei länger bestehenden Krankheiten ist es wichtig, sich zu einem Zeitpunkt über das Thema „Sterben" Gedanken zu machen, zu dem es dem Patienten noch besser geht. In der Praxis sind Ärzte dankbar dafür, auf das Thema „Tod" angesprochen zu werden. Besprechen Sie mit den behandelnden Ärzten verschiedene Therapiemöglichkeiten rechtzeitig! Diesen Grundsatz der Selbstbestimmung auch für den Fall fehlender Äußerungsmöglichkeit stärkt das neue Gesetz über die Patientenverfügung. Allerdings sind mit diesem Gesetz auch Einschränkungen hinsichtlich derjenigen Personen vorgenommen, die eine solche Patientenverfügung errichten können.

# E.  Wer kann eine Patientenverfügung errichten?

## I.  Volljährigkeit

Vor dem 01.09.2009 war es grundsätzlich auch für Kinder und Jugendliche möglich, eine Patientenverfügung zu errichten. Diese Möglichkeit besteht nun nicht mehr, da das Gesetz es nur noch Volljährigen – also Menschen, die das 18. Lebensjahr vollendet haben – ermöglicht, im Falle fehlender Kommunikationsfähigkeit in Form der Patientenverfügung Vorgaben für die weitere ärztliche Behandlung zu machen. Da die Patientenverfügung eine höchstpersönliche Verfügung darstellt, ist es auch sorgeberechtigten Eltern versagt, für ihre minderjährigen Kinder eine entsprechende Erklärung abzufassen. Faktisch beginnt die Patientenautonomie damit erst ab dem 19. Lebensjahr, und zwar unabhängig davon, welcher Reifegrad und welche Einwilligungsfähigkeit bei dem minderjährigen Patienten gegeben sind. Nachdem Kindern und Jugendlichen die Errichtung einer Patientenverfügung von Gesetzes wegen verwehrt ist, trifft für Minderjährige ein vom Betreuungsgericht zu bestellender Betreuer im Folgenden die Entscheidungen.

## II.  Einwilligungsfähigkeit

Der Patient, der das Erwachsenenalter erreicht hat, muss einwilligungsfähig sein. Einwilligungsfähig ist der Betroffene dann, wenn er Art, Bedeutung, Tragweite und auch die Risiken der Maßnahme zu erfassen und seinen Willen hiernach zu bestimmen vermag.

**Was sagt der Jurist:** Einwilligungsfähigkeit bedeutet nicht gleich Geschäftsfähigkeit! Einwilligungsfähig können also weiterhin ein volljähriger Mensch mit Behinderung und auch ein unter Betreuung stehender volljähriger Mensch sein. Auch bei einer Demenzerkrankung scheidet die Errichtung einer Patientenverfügung nicht von vorneherein aus.

## F. Ist meine Patientenverfügung verbindlich oder muss das Betreuungsgericht eingeschaltet werden?

### I. Verbindlichkeit

Seit 01.09.2009 findet sich für die Patientenverfügung nun eine ausdrückliche gesetzliche Grundlage. Diese stellt klar, dass die Patientenverfügung immer dann ohne „Wenn und Aber" verbindlich ist, wenn der Betreuer beziehungsweise der Bevollmächtigte bei Prüfung der Patientenverfügung zu dem Ergebnis kommt, dass die Festlegungen in dieser Patientenverfügung auf die aktuelle Lebens- und Behandlungssituation zutreffen. Für diesen Fall hat der Betreuer dem Willen des Betroffenen Geltung zu verschaffen.

**Was sagt der Jurist:** Prüfen Sie Ihre Patientenverfügung in regelmäßigen Abständen auf Aktualität! Wiederholtes Bestätigen oder regelmäßiges Unterschreiben ist hingegen nicht notwendig.

Gemäß § 1901 b BGB haben die behandelnden Ärzte zusammen mit dem Betreuer beziehungsweise dem Bevollmächtigten den Patientenwillen in einem gemeinsamen Gespräch festzustellen. Hierbei prüft der Arzt, welche medizinischen Maßnahmen mit Blick auf den Gesamtzustand und die Prognose für den Betroffenen indiziert sind. Mit diesen Informationen erörtern Arzt und Betreuer/Bevollmächtigter die aktuelle Lebens- und Behandlungssituation des Betroffenen, überprüfen gemeinsam, ob die Festlegungen der Patientenverfügung auf diese zutreffen und beurteilen so die Verbindlichkeit der Niederlegung. Im Rahmen dieses Feststellungsprozesses sollen, so sieht es das Gesetz ausdrücklich vor, nahe Angehörige und sonstige Vertrauenspersonen des Betroffenen angehört werden.

Damit soll sichergestellt sein, dass alle Aspekte im Rahmen der Entscheidung bekannt sind und berücksichtigt werden können. Hierauf kann nur dann verzichtet werden, wenn damit erhebliche Verzögerungen im Rahmen der Feststellung verbunden wären.

**Was sagt der Jurist:** Ergibt dieses Gespräch zwischen Arzt und Betreuer/ Bevollmächtigtem, dass die Festlegungen der aktuellen Situation entsprechen, sind diese umzusetzen. Die Festlegungen sind dann verbindlich.

## II. Notwendige Beteiligung des Betreuungsgerichts bei fehlender Einigkeit zwischen Arzt und Betreuer/Bevollmächtigten

§ 1904 Abs. 1 BGB sieht vor, dass immer dann, wenn der Betreuer in eine Untersuchung des Gesundheitszustandes, in eine Heilbehandlung oder einen ärztlichen Eingriff einwilligt, die die begründete Gefahr mit sich bringen, dass der Betreute deswegen verstirbt oder einen schweren und länger andauernden Gesundheitsschaden nimmt, das Betreuungsgericht dies genehmigen muss, soweit kein Einvernehmen zwischen Betreuer und Arzt hierüber besteht.

Das gleiche gilt, will der Betreuer eine solche Maßnahme nicht genehmigen oder eine bereits begonnene beenden lassen, seine Einwilligung also widerrufen. Gemäß § 1904 Abs. 5 BGB gilt das gleiche für einen Bevollmächtigten, allerdings nur dann, wenn die durchzuführenden beziehungsweise zu unterlassenden Maßnahmen in seiner Vollmacht ausdrücklich erwähnt sind.

**Was sagt der Jurist:** Achten Sie also bei Abfassung der Vollmacht – insbesondere wenn Sie Formulare verwenden – peinlich genau darauf, dass solche medizinischen Maßnahmen mit der Gefahr des Todes beziehungsweise ernsthafter Schädigung und auch Maßnahmen der Unterbringung/unterbringungsähnliche Maßnahmen explizit in der Vollmacht erwähnt werden.

Die ärztliche Maßnahme kann allerdings trotzdem ohne Genehmigung des Gerichts durchgeführt beziehungsweise unterlassen werden, wenn mit deren Aufschub Gefahr für den Patienten verbunden ist. In allen anderen Fällen der Uneinigkeit ermittelt das Betreuungsgericht eigenständig die aktuelle Lebens- und Behandlungssituation des Betroffenen und entscheidet dann, inwieweit eine ärztliche Maßnahme oder deren Unterlassung dem Willen des Betroffenen entspricht. Ist dies der Fall, „überstimmt" es quasi Arzt oder Betreuer/Bevollmächtigten.

## III. Keine Beteiligung des Betreuungsgerichts bei Einigkeit zwischen Arzt und Betreuer/Bevollmächtigten

Immer dann, wenn Betreuer/Bevollmächtigter und Arzt Einvernehmen darüber erzielen konnten, dass die Festlegungen der Patientenverfügung der aktuellen Lebens- und Behandlungssituation entsprechen, damit den Willen des Patienten tatsächlich wiedergeben, bedarf es einer Beteiligung des Betreuungsgerichts nicht. Die Maßnahme kann dann durchgeführt beziehungsweise unterlassen werden.

## IV.  Unerlässlich: Klarheit in der Abfassung

Leider weisen Patientenverfügungen immer wieder sprachliche und inhaltliche Ungenauigkeiten auf. Dies gilt auch für allgemein zugängliche Muster für die Errichtung von Patientenverfügungen.

**Was sagt der Jurist:** Es gibt z. B. Mustertexte, die als Anwendungsbereich für die Patientenverfügung einen „Unfall" nennen. Hier muss man sich fragen, ob der Patient seine Entscheidungen tatsächlich nur für einen Unfall treffen wollte oder ob er nicht auch einen medizinischen Notfall aufgrund Krankheit meint.

Es finden sich in der Praxis auch häufig Formulierungen wie:
*„Sollte ich nicht mehr selber entscheiden können ..."* oder *„Ist meine Lage aussichtslos geworden"* bzw. *„Bin ich nicht mehr in der Lage, mich zu äußern."*

Solche Formulierungen sind unbedingt zu vermeiden, denn, sind Unklarheiten gegeben, ist Streit vorprogrammiert. Keiner möchte die Verantwortung übernehmen oder sich hinterher vorwerfen lassen, man hatte nicht im Sinne des Betroffenen gehandelt, sondern auf unsicherer Basis Entscheidungen getroffen. Ist also nicht zweifelsfrei feststellbar, was der Patient meinte, wird sowohl der Arzt als auch ein Betreuungsrichter eher zur absoluten Lebenserhaltung tendieren als einen Behandlungsabbruch vorzunehmen beziehungsweise zu genehmigen.

**Was sagt der Jurist:** Eine schwammig und unklar formulierte Patientenverfügung erschwert deren Verwendung. Oberstes Gebot ist also, die Patientenverfügung so klar und deutlich zu formulieren, dass Zweifel an den dort getroffenen Aussagen gar nicht aufkommen können.

Nur dann, wenn der Betreuer/Bevollmächtigte zu dem Ergebnis käme, dass die Festlegungen nicht zutreffen oder unklar (formuliert) sind, hat der Betreuer/Bevollmächtigte die Behandlungswünsche anhand des mutmaßlichen Willens des Betroffenen zu ermitteln und auf dieser Basis zu entscheiden, inwieweit er der Durchführung einer Behandlung zustimmt beziehungsweise eine solche ablehnt. Dieser mutmaßliche Wille ist anhand konkreter Anhaltspunkte zu ermitteln. Als solche kommen insbesondere frühere mündliche und schriftliche Äußerungen, ethnische oder religiöse Überzeugungen oder sonstige persönliche Wertvorstellungen des Betroffenen in Betracht. Diese Maßstäbe nennt nun das Gesetz in § 1901 a Abs. 2 BGB exemplarisch; selbstverständlich können auch andere Aspekte in die Prüfung einbezogen werden.

## G. Benötige ich zusätzlich zur Patientenverfügung Vorsorgevollmacht oder Betreuung?

Die Patientenverfügung reicht allein nicht aus, um im medizinischen Notfall wunschgemäß behandelt zu werden. Hieran hat auch die gesetzliche Neuerung nichts geändert. Mit der Patientenverfügung ist lediglich die Richtschnur des Handelns festgelegt, nicht jedoch eine Person bestimmt, die diese auch umsetzen darf. Wer schaltet in diesem Fall das Beatmungsgerät ab, hat der Patient dies vorab festgelegt?

Weder ein Arzt noch ein naher Angehöriger darf ohne weitere rechtliche Grundlage für den handlungsunfähigen Patienten handeln, selbst wenn ein entsprechender Wunsch in der Patientenverfügung festgelegt ist. Hierzu bedarf es des Vorliegens einer sogenannten Vorsorgevollmacht. Das Gesetz erklärt in § 1901 a Abs. 5 BGB ausdrücklich, dass die neue Regelung um die Patientenverfügung auch für Bevollmächtigte gilt. Gibt es eine Vorsorgevollmacht nicht, ordnet das Betreuungsgericht auf Antrag eine rechtliche Betreuung an. Die entsprechenden Entscheidungen hat dann, gibt es keinen Bevollmächtigten, der Betreuer zu treffen.

**Was sagt der Jurist:** Denken Sie darüber nach, gleichzeitig mit der Patientenverfügung auch eine sogenannte Vorsorgevollmacht zu errichten.

## H. Was passiert, wenn ich keine Patientenverfügung habe oder diese vor dem 01.09.2009 errichtet wurde?

### I. Fehlende Patientenverfügung

Niemand kann zur Errichtung einer Patientenverfügung gezwungen werden. Dies stellt das Gesetz in § 1901 a Abs. 4 BGB ausdrücklich klar. Hat der Betroffene keine Patientenverfügung errichtet oder konnte er eine solche nicht errichten, ist nach der neuen Gesetzeslage auch hier der Betreuer/Bevollmächtigte verpflichtet, Behandlungswünsche und mutmaßlichen Willen des Betroffenen zu ermitteln

## II. „Alte" Patientenverfügungen

Bereits errichtete Patientenverfügungen behalten trotz gesetzlicher Regelung grundsätzlich Gültigkeit, es sei denn, es liegt nur eine mündliche Errichtung vor. Haben Sie bereits eine schriftliche Patientenverfügung errichtet, müssen Sie diese auch nicht in jedem Falle widerrufen und eine neue erstellen. Entsprach die Patientenverfügung den Vorgaben der Rechtsprechung vor dem 01.09.2009, ist diese schriftlich und hinreichend konkret abgefasst, behält sie Geltung und ist auf Basis des neuen Gesetzes verbindlich.

**Was sagt der Jurist:** Sie sollten allerdings die Gelegenheit nutzen und überprüfen, inwieweit die dortigen Festlegungen der aktuellen Behandlungs- und Lebenssituation noch entsprechen; nur dann können Sie Verbindlichkeit erreichen. Möglicherweise wünschen Sie Änderungen oder – gerade im Anwendungsbereich – nun zulässige Erweiterungen. Dann sollten Sie über eine Neuabfassung nachdenken.

# I. Vorbereitung der Patientenverfügung

## I. Persönliche Vorüberlegungen

Die Vorstellungen eines Menschen zur Behandlung in einer medizinischen Notfallsituation sind so individuell wie der Mensch selbst. Jeder, der in Erwägung zieht, eine Patientenverfügung niederzulegen, muss sich darüber klar sein, was er will. Während mancher um keinen Preis von Apparaten abhängig und der Gefahr eines langjährigen Siechtums ausgesetzt sein will, möchte manch anderer sein Leben erhalten um jeden Preis. Bis zur Grenze der aktiven Sterbehilfe dürfen medizinische Maßnahmen gefordert oder auch abgelehnt werden. Es gibt hier kein „Schwarz oder Weiß"; jeder sollte die medizinischen Möglichkeiten differenziert betrachten und dasjenige für sich festlegen, was zu seiner Person passt.

**Was sagt der Arzt:** Die aktive Sterbehilfe (also die Gabe von Substanzen in einer tödlichen Dosierung z. B. als Spritze oder Infusion) sowie die Bereitstellung von Substanzen in einer tödlichen Dosierung (passive Sterbehilfe) sind in Deutschland nach wie vor verboten. Erlaubt ist die Gabe von schmerzlindernden Medikamenten bis zur Schmerzfreiheit, auch wenn dadurch der Sterbeprozess beschleunigt wird.

Es liegt in der Natur der Sache, dass ein in gesunden Tagen gebildeter Wille für den medizinischen Notfall keine Einzelsituationen erfassen kann, sondern sich auf generelle – nicht jedoch schwammige und unklare! – Aussagen beschränken muss. Insofern muss sich der Verfasser einer Patientenverfügung bewusst sein, dass in bestimmten Grenzsituationen des Lebens Voraussagen über das Ergebnis medizinischer Maßnahmen und mögliche Folgeschäden im Einzelfall kaum möglich sind. Festlegungen für oder gegen eine Behandlung schließen daher auch Selbstverantwortung für die Folgen ein. Der Patient trägt dabei das Risiko, entweder durch einen Behandlungsverzicht auf ein Weiterleben zu verzichten oder für eine Chance, weiter zu leben, auch Abhängigkeit und Fremdbestimmung in Kauf zu nehmen. Vor diesem Hintergrund verbietet es sich, unreflektiert ein Muster einer Patientenverfügung zu unterschreiben.

**Was sagt der Jurist:** Der immer wieder zu hörende Ratschlag, der Patient möge die Motive für seine niedergelegte Einstellung, seine ethischen Grundsätze, seine Erfahrungen und all die Dinge, die für die Entscheidung eine Rolle gespielt haben, formulieren und der Patientenverfügung beifügen, ist mit gemischten Gefühlen zu betrachten. Einerseits kann eine solche Erklärung aufkommende Zweifel beseitigen helfen, indem ihr zu fraglichen Punkten wichtige Hinweise zu entnehmen sind. Andererseits – und dies ist häufiger der Fall – verwässern allgemeine Grundsatzaussagen klar formulierte Entscheidungen und stellen damit die Verbindlichkeit der Regelung infrage. Von zusätzlichen Niederlegungen ist damit in der Praxis abzuraten.

## II.    Muss ich mit meinem Hausarzt sprechen?

Da der medizinische Laie in der Regel nicht über die notwendigen Kenntnisse verfügt, seine gefundenen Vorgaben „medizinisch sicher und richtig" in Worte zu fassen, ist es immer empfehlenswert, sich von einem Arzt beraten zu lassen. Ärztliche Beratung gewährleistet einerseits, dass bis dahin unklare Zusammenhänge und Folgen der eigenen Entscheidung aufgeklärt werden können. Oftmals sieht der Patient medizinische Maßnahmen nach einem Beratungsgespräch mit anderen Augen. Der Patient sollte sich nicht scheuen, seine Fragen, auch zu medizinischen Einzelmaßnahmen, zu stellen. Immerhin entscheidet er mit seiner Erklärung im Ernstfall über das eigene Leben.

**Was sagt der Arzt:** In der Regel kennt Sie Ihr Hausarzt am besten. Er weiß, welche Ihrer Erkrankungen sich so verschlimmern können, dass Sie daran eventuell versterben. Daneben kennt er die medizinischen Möglichkeiten und kann Sie dahingehend aufklären.

Eine ärztliche Beratung bezüglich einer Patientenverfügung wird von den gesetzlichen Krankenkassen nicht erstattet. Sprechen Sie vorher mit Ihrem Arzt über die möglichen Kosten für ein ärztliches Beratungsgespräch. Andererseits wird die ärztliche Beratung im Anwendungsfall eventuell aufkommende Zweifel zerstreuen, dass der Patient bei Niederlegung seines Willens in der Patientenverfügung nicht genau wusste, welche Folgen die einzelnen Regelungen für ihn haben würden. Diese Diskussion kann nämlich aufkommen, wenn ein naher Angehöriger sich nicht in der Lage sieht, die Entscheidung des Betroffenen für einen Behandlungsabbruch und dessen bevorstehende Umsetzung zu akzeptieren. Bitten Sie Ihren Arzt, die medizinische Beratung schriftlich zu dokumentieren. Eine entsprechende Erklärung sollten Sie der Patientenverfügung im Original beifügen. Kommen dann tatsächlich Zweifel auf, kann der Arzt – bei Entbindung von der Schweigepflicht – zum Inhalt des Gesprächs und seinem persönlichen Eindruck hinsichtlich des Verständnisses zum medizinischen Hintergrund befragt werden.

**Was sagt der Jurist:** Solches Vorgehen erleichtert die Durchsetzung des Patientenwillens ungemein. Bei fundierter medizinischer Beratung wird kein Arzt oder Betreuungsrichter eine solche verneinen können.

### III. Sollte ich im Vorfeld einen Anwalt aufsuchen?

Macht die Verwendung eines juristischen Fachbegriffs in einem Zusammenhang Sinn, kann sie in anderem Zusammenhang äußerst missverständlich sein. Für einen juristischen Laien ist dies nicht immer erkennbar. Da in der Patientenverfügung der medizinische Inhalt juristisch einwandfrei und klar umgesetzt werden muss, sollten Sie unbedingt anwaltliche Beratung und Hilfestellung bei der Formulierung in Anspruch nehmen.

**Was sagt der Jurist:** Klären Sie mit Ihrem Anwalt im Vorhinein die Frage der Kosten ab. Es bietet sich die Vereinbarung einer Stundenvergütung oder einer Pauschale an.

## J. Bedarf meine Patientenverfügung einer bestimmten Form?

### I. Schriftlichkeit

Die Frage, in welcher Form eine Patientenverfügung errichtet werden muss, war einer der Hauptstreitpunkte im Rahmen der rechtspolitischen Diskussion.

Einer der drei vorgelegten Gesetzesentwürfe sah vor, dass die notarielle Abfassung zwingend sein sollte. Damit sollte gewährleistet sein, dass sich der Abfassende mit Inhalt und Folgen seiner Erklärung in ausreichendem Maße beschäftigt und auf die Tragweite seiner Entscheidung vom Notar, damit über die notarielle Form, nochmals gesondert aufmerksam gemacht wird. Wohl aufgrund der Tatsache, dass dies in der Praxis eher ein Hindernis für viele Menschen dargestellt hätte, weil der Aufwand als zu groß empfunden worden wäre, kam man von diesem Ansatz letztendlich ab. Ein 2. Entwurf sah keinerlei Formerfordernis vor. Auch dies wurde mit dem Gesetz nicht umgesetzt, da die Beweisschwierigkeiten und die Möglichkeit subjektiver Falschwahrnehmung durch Angehörige im Rahmen rein mündlicher Erklärungen als zu hoch angesehen wurden. Die Praxis vor Erlass des Gesetzes hatte genau diese Probleme aufgezeigt. Man entschied sich letztendlich mit dem 3. Entwurf für die Notwendigkeit schriftlicher Abfassung. § 1901 a Abs. 1 BGB spricht daher von schriftlicher Festlegung.

## II.    Anforderungen an die schriftliche Erklärung

### 1.    Handschriftlich oder per Computer?
Es ist nicht erforderlich – und dies dürfte gerade für ältere Menschen eine große Erleichterung sein – die Patientenverfügung mit der Hand zu schreiben. Es reicht vielmehr aus, auf ein computergeschriebenes Schriftstück zurückzugreifen, welches mit Datum der Errichtung versehen sein sollte. Unbedingt erforderlich ist allerdings die eigenhändige und individualisierbare Unterschrift.

### 2.    „Stille Kammer" oder Zeugen?
Der Hinzuziehung von Zeugen bei Unterschrift unter die Erklärung bedarf es grundsätzlich nicht. Allerdings kann es sich bei Menschen mit Vorerkrankungen oder Menschen hohen Alters durchaus als nützlich und angebracht erweisen, sie sowohl bei der Entscheidungsfindung als auch bei der letztendlichen Errichtung hinzuzuziehen.

**Was sagt der Jurist:** Wenn Zeugen zur Verfügung stehen, die die Ernsthaftigkeit der Wünsche bekunden können, sollten diese, sei es durch bloße Unterschrift, sei es durch Textzusatz, die Patientenverfügung mit unterzeichnen.

Ein vor der Unterschrift geführtes Gespräch, mit welchem sich der Zeuge überzeugen kann, dass die Erklärung wohl überdacht ist, ist anzuraten.

### III. Erforderliche Anzahl der Schriftstücke

Fertigt man nur ein Schriftstück und geht dieses verloren, ist im Notfall der Beweis, was der Patient schriftlich niedergelegt hat, schwierig. Häufig wird die Frage gestellt, wie viele dieser Erklärungen in Umlauf gebracht werden sollen. Pauschal lässt sich hierzu keine Aussage treffen. Erstellt man mehrere Schriftstücke, ist peinlich genau darauf zu achten, dass im Falle der Änderung oder des Widerrufs auch alle Exemplare geändert beziehungsweise widerrufen werden.

**Was sagt der Jurist:** Als „Königsweg" sollten zwei Originale angefertigt werden. Diese sollten an getrennten Orten aufbewahrt werden, um die Wahrscheinlichkeit zu minimieren, dass beide Erklärungen verloren gehen.

### IV. Bringt die Beteiligung eines Notars Vorteile?

Ein Notar muss bei der Errichtung einer Patientenverfügung nicht herangezogen werden. Eine notarielle Beurkundung kann allerdings dann von Vorteil sein, wenn gewisse Zweifel an der Einsichtsfähigkeit des Patienten bestehen. Zu nennen ist hier wiederum der Fall des hohen Alters beziehungsweise der Demenz im Anfangsstadium. Der Notar fungiert dann quasi als „amtlicher Zeuge". Bei einer bloßen notariellen Beglaubigung der Unterschrift des Patienten (Bestätigung der Echtheit) allerdings überzeugt sich der Notar gerade nicht von der Einsichtsfähigkeit. Diese bringt keine Vorteile.

**Was sagt der Jurist:** Seit geraumer Zeit besitzen die Betreuungsbehörden der Stadt beziehungsweise Gemeinde die Kompetenz, gegen einen geringen Unkostenbeitrag (10 bis 20 Euro) die Unterschrift hinsichtlich der Echtheit amtlich zu beglaubigen. Wer also den „Touch des Amtlichen" wünscht, die Kosten des Notars für die Beglaubigung allerdings scheut, kann diesen Weg wählen.

### V. Zusammenfassung verschiedener Erklärungen

Im Rahmen der Vorsorgeplanung ist es in der Regel zweckmäßig, neben der Patientenverfügung auch eine Vorsorgevollmacht nebst Grundvertrag sowie ein Testament zu errichten.

### 1. Vorsorgevollmacht und Patientenverfügung

Immer wieder findet man die Zusammenfassung der Patientenverfügung mit der Vorsorgevollmacht in einer Urkunde. Die Vorsorgevollmacht ist der weit größere Regelungskomplex. So sind zum Beispiel darin Anordnungen für die Regelung finanzieller Angelegenheiten, Wohnungsangelegenheiten etc. getroffen. Diese Aspekte spielen bei Vorliegen eines medizinischen Notfalls keine Rolle. Sind die Urkunden zusammengefasst, lässt sich nicht vermeiden, dass Ärzte und Pflegepersonal über die notwendigen Informationen hinaus weitere Informationen erhalten. Es ist auch nicht auszuschließen, dass sie sich dann von der Menge der Regelungen „erschlagen" fühlen. Fasst man die Erklärungen getrennt, kann im Einzelfall entschieden werden, welche Erklärungen vorzulegen sind. Dies ist zu empfehlen.

**Was sagt der Jurist:** Verfassen Sie die Patientenverfügung und die Vorsorgevollmacht in zwei getrennten Urkunden. Das erleichtert die Handhabung in der Praxis für die Beteiligten und schützt Ihre Privatsphäre.

## 2. Patientenverfügung und Testament

In der Praxis findet sich erstaunlicherweise auch die Kombination von Testament und Patientenverfügung in einem Schriftstück. Da das Testament vom Nachlassgericht erst eröffnet wird, wenn der Patient verstorben ist, ergibt sich denklogisch die Unsinnigkeit einer solchen Zusammenfassung. Auch im Übrigen wird kein Patient es wünschen, dass der Arzt mit seiner testamentarischen Regelung im Zusammenhang mit der Entscheidung über den Behandlungsfortgang konfrontiert wird. Von dieser Kombination ist unbedingt abzuraten.

## K. Ist die Gültigkeit meiner Patientenverfügung zeitlich beschränkt?

Immer wieder wird die Frage gestellt, ob es für die Wirksamkeit der Patientenverfügung notwendig ist, sie regelmäßig zu aktualisieren beziehungsweise kund zu tun, dass es sich immer noch um die aktuelle Fassung handelt. Das Gesetz sieht die Notwendigkeit wiederholender Bestätigung nicht vor. Einer regelmäßigen „Neuunterschrift" bedarf es also nicht.

**Was sagt der Jurist:** Haben Sie allerdings – wie früher teilweise angeraten – vor geraumer Zeit eine Patientenverfügung errichtet, die textlich vorsieht, dass in bestimmten zeitlichen Abständen eine Bestätigung erfolgt, sollten Sie dies beibehalten. Haben Sie nämlich bereits bestätigt und hören Sie dann damit auf, könnte dies als Indiz dafür gewertet werden, dass ein „stiller" Widerruf vorliegt. Die beste Lösung ist dann jedoch, das gesamte Schriftstück textlich nochmals neu zu fassen, ohne dass die Bestätigung vorgesehen wird.

# L. Änderung und Widerruf der Patientenverfügung

Sie können Ihre einmal errichtete Patientenverfügung ohne Begründung jederzeit ganz oder teilweise widerrufen oder abändern (vgl. § 1901 a Abs. 1 BGB). Dies kann durch Durchstreichen einzelner Regelungen, durch die Ergänzung neuer oder durch die Abänderung vorhandener Regelungen geschehen.

Dann ist jedoch zu beachten, dass immer klar bleibt, welche Fassung des Dokuments die aktuelle und verbindliche sein soll. Sie können das Schriftstück jedoch auch zerreißen und vernichten. Dies ist die sicherste Variante. Sind die Änderungswünsche größer, empfiehlt es sich – der Klarheit wegen – die Patientenverfügung insgesamt neu zu schreiben.

**Was sagt der Jurist:** Haben Sie mehrere Schriftstücke gleichen Inhalts angefertigt und an verschiedenen Stellen hinterlegt, muss unbedingt beachtet werden, dass alle Patientenverfügungen geändert oder widerrufen werden. Sich widersprechende Schriftstücke verursachen massive Probleme bei der Ermittlung des wirklichen Willens des Patienten.

# M. Aufbewahrung

Eine amtliche Anlaufstelle für die Hinterlegung einer Patientenverfügung gibt es (im Gegensatz zum Beispiel zur Hinterlegung eines Testaments beim Nachlassgericht) leider nicht.

**Was sagt der Jurist:** Verschiedene private Organisationen, insbesondere die Deutsche Hospizstiftung, das Deutsche Rote Kreuz oder der Humanistische Verband Deutschland geben die Möglichkeit, die Patientenverfügung zu hinterlegen. Der Kostenaufwand hierfür ist gering.

Eine Hinterlegung beim Zentralen Vorsorgeregister der Bundesnotarkammer ist nicht möglich. Die private Hinterlegung, im eigenen Haus oder auch bei den Bevollmächtigten, ist der Regelfall. Manche Hausärzte bieten die Aufbewahrung an.

**Was sagt der Jurist:** Da der Bevollmächtigte diejenige Person ist, die für die Umsetzung der Patientenverfügung zuständig ist, ist es in aller Regel sinnvoll, ihm ein Exemplar zu übergeben.

Auf jeden Fall sollte hierfür ein Ort ausgewählt werden, der der Vertrauensperson für den Notfall bekannt ist, gleichzeitig allerdings Gewähr dafür bietet, dass die Patientenverfügung auch an Ort und Stelle bleibt (Ausschluss von Manipulation!). Je schneller die Patientenverfügung im medizinischen Notfall vorgelegt werden kann, desto höher ist die Wahrscheinlichkeit, dass Maßnahmen, die gegen den Willen des Patienten wären, noch nicht eingeleitet sind.

Checkliste: Vorgehensweise bei der Erstellung einer Patientenverfügung

- Eigeninformation und Besprechung mit dem Hausarzt
- Zusammenstellung der inhaltlichen Vorgaben für eine Behandlung beziehungsweise ein Unterlassen
- Entwurf der Patientenverfügung, optimalerweise zusammen mit einem spezialisierten Juristen
- Ausfertigung nach abschließender medizinischer und juristischer Prüfung Unterzeichnung
- Klärung des Aufbewahrungsortes
- Sicherstellung des Auffindens durch Hinweis zum Beispiel in der Geldbörse (kleine Karte mit entsprechendem Vermerk)

# N. Anwendungsbereich und Inhalt der Patientenverfügung

## I. Wann greift meine Patientenverfügung?

### 1. Frühere Rechtslage

Vor Erlass des Gesetzes ergaben sich aus dem Richterrecht, welches Grundlage für die Patientenverfügung darstellte, deutliche Einschränkungen für den Anwendungsbereich einer Patientenverfügung. So konnte die Patientenverfügung nur dann Grundlage für die Entscheidung sein, wenn das Grundleiden des Patienten einen irreversibel tödlichen Verlauf genommen hatte.

Solches wurde dann angenommen, wenn irreversibel Bewusstlosigkeit und Kommunikationsunfähigkeit, schwerste Pflegebedürftigkeit, Notwendigkeit medizinisch indizierter künstlicher Unterstützung von Nahrungsaufnahme, „Entgiftung" und Ausscheidung oder Beatmung notwendig, und wenn bei Beendigung dieser künstlichen Unterstützungsmaßnahmen das rasche Ableben mit Sicherheit zu erwarten war. Zwar sah man das Einsetzen des Sterbeprozesses nicht als zwingende Voraussetzung. Allerdings musste aufgrund der Grunderkrankung feststehen, dass der Sterbeprozess mit höchster medizinischer Wahrscheinlichkeit und unumkehrbar einsetzen würde.

Dies führt in der Praxis vor allem bei zwei „Fallgruppen" zu fortwährenden Diskussionen und Problemen bei der Frage nach der Anwendbarkeit, die häufig nicht zweifelsfrei als irreversibel tödlich verlaufend eingestuft wurden. Zum einen handelte es sich hierbei um das Wachkoma, das sogenannte apallische Syndrom, aufgrund dessen der Patient nicht mehr in der Lage ist, am Leben teilzunehmen, wenngleich seine Stammheimfunktionen wie Atmung und Kreislauf fortbestehen. Auch bei länger andauerndem Koma kommt es immer wieder vor, dass entgegen jeder medizinischen Prognose der Patient „erwacht".

Dies machte es so schwierig, festzustellen, ob der Zustand tatsächlich irreversibel ist mit der Folge, dass die Patientenverfügung zur Anwendung gelangen konnte. Die gleiche Frage stellte sich zum zweiten bei Demenzerkrankungen, wie der Alzheimer Krankheit. Ab welchem Stadium führt eine solche Erkrankung irreversibel zum Tod? Die Antwort auf diese Frage ist unter Medizinern äußerst umstritten, wobei die Regel wohl sein wird, dass niemand an einer Demenzerkrankung, vielmehr letztendlich an Organversagen, verstirbt. Auch hier war also fraglich, ob Regelungen der Patientenverfügung greifen konnten.

## 2. Neue gesetzliche Regelung

Durch die gesetzliche Regelung ist das Selbstbestimmungsrecht des Patienten gestärkt worden. Das Gesetz sieht ausdrücklich keine Einschränkung im Anwendungsbereich vor. Es ist also nun nicht mehr notwendig, dass ein solches irreversibel tödlich verlaufendes Grundleiden gegeben ist. Die Patientenverfügung kann nun in allen von ihr in den gemachten Festlegungen erfassten Situationen angewendet werden, auch dann, wenn der Patient im Wachkoma liegt oder an Demenz erkrankt. § 1901 a Abs. 3 BGB regelt ausdrücklich, dass eine Patientenverfügung unabhängig von Art und Stadium der Erkrankung gilt.

**Was sagt der Jurist:** Die gesetzliche Festlegung ist uneingeschränkt zu begrüßen. Jedem Einzelnen wird nun seine Entscheidung auch über Grenzsituationen überlassen. Dadurch sind Unsicherheiten in der Praxis ausgeschlossen.

Mit der gesetzlichen Vorgabe ergeben sich daher neue Anwendungsbereiche. So schlägt das Bundesministerium der Justiz (www.bjm.bund.de) folgende Formulierung für den Anwendungsbereich in seiner Formulierungshilfe zur Patientenverfügung vor:

*„Wenn*

- *ich mich aller Wahrscheinlichkeit nach unabwendbar im unmittelbaren Sterbeprozess befinde...*
- *ich mich im Stadium einer unheilbaren, tödlich verlaufenden Krankheit befinde, selbst wenn der Todeszeitpunkt noch nicht absehbar ist ...*
- *ich infolge einer Gehirnschädigung meine Fähigkeit, Einsichten zu gewinnen, Entscheidungen zu treffen und mit anderen Menschen in Kontakt zu treten, nach Einschätzung zweier erfahrener Ärztinnen oder Ärzte aller Wahrscheinlichkeit nach unwiederbringlich erloschen ist, selbst wenn der Todeszeitpunkt noch nicht absehbar ist. Dies gilt für direkte Gehirnschädigung zum Beispiel durch Unfall, Schlaganfall oder Entzündung ebenso wie für indirekte Gehirnschädigung, zum Beispiel nach Wiederbelebung, Schock oder Lungenversagen. Es ist mir bewusst, dass in solchen Situationen die Fähigkeit zu Empfindungen erhalten sein kann und dass das Aufwachen aus diesem Zustand nicht ganz sicher auszuschließen, aber unwahrscheinlich ist.*
- *ich infolge eines weit fortgeschrittenen Herrenabbauprozesses (zum Beispiel bei Demenzerkrankung) auch mit ausdauernder Hilfestellung nicht mehr in der Lage bin, Nahrung und Flüssigkeit auf natürliche Weise zu mir zu nehmen ..."*

**Was sagt der Jurist:** Letztlich sind Sie mit der neuen gesetzlichen Regelung frei, den Anwendungsbereich Ihrer Patientenverfügung selbst zu definieren!

## II. Mögliche inhaltliche Vorgaben zu ärztlichen/ pflegerischen Maßnahmen

Auch wenn jeder Patient seine Patientenverfügung individuell auf seine Bedürfnisse anpassen sollte, so gibt es doch medizinische Maßnahmen, zu denen in jeder Patientenverfügung Festlegungen getroffen werden sollten.

Checkliste: Medizinische Maßnahmen

- lebenserhaltende Maßnahmen
- Schmerzbehandlung und Symptombehandlung
- sonstige Medikamente und operative Eingriffe
- künstliche Ernährung und künstliche Flüssigkeitszufuhr
- Wiederbelebung
- künstliche Beatmung
- Blut/Blutbestandteile (Transfusion)

Ergeben sich aus der individuellen Krankengeschichte beziehungsweise Familiengeschichte weitere erwähnenswerte Maßnahmen, sollten diese hinzugesetzt werden.

## 1. Lebenserhaltende Maßnahmen

Hier sollte zunächst die grundsätzliche Festlegung getroffen werden, ob der Patient die maximal mögliche Behandlung haben oder auf eine solche verzichten beziehungsweise eine einmal eingeleitete abbrechen möchte. Möglichst genaue Beschreibung der Wünsche ist sinnvoll.

Für die Festlegung einer Maximal- oder Minimalbehandlung schlägt das Bundesministerium der Justiz in seiner Formulierungshilfe vor:

*„In den oben beschriebenen Situationen wünsche ich,*
* *dass alles medizinisch Mögliche getan wird, um mich am Leben zu erhalten und meine Beschwerden zu lindern.*
* *auch fremde Gewebe und Organe zu erhalten, wenn dadurch mein Leben verlängert werden könnte.*

**oder**

* *dass alle lebenserhaltenden Maßnahmen unterlassen werden. Hunger und Durst sollen auf natürliche Weise gestillt werden, gegebenenfalls mit Hilfe bei der Nahrungs- und Flüssigkeitsaufnahme. Ich wünsche fachgerechte Pflege von Mund und Schleimhäuten sowie menschenwürdige Unterbringung, Zuwendung, Körperpflege und das Lindern von Schmerzen, Atemnot, Übelkeit, Angst, Unruhe und anderer belastender Symptome …“*

**Was sagt der Jurist:** Verlangt ein Patient die maximale Behandlung, obwohl genau diese in der konkreten Situation gegen die ärztlichen Regeln der Kunst verstoßen würde, muss der Arzt sie nicht umsetzen. So wurde z. B. durch das Landgericht Karlsruhe bereits 1991 entschieden, dass ein Arzt, der bei einem Lungenkrebspatienten künstliche Beatmung verweigerte, vielmehr eine alternative Behandlungsweise vorschlug und umsetzte, rechtmäßig handelt. Grundsätzlich ist zu sagen, dass niemand, entscheidet er sich für die minimale Behandlung, Angst haben muss, „nur noch abgelegt zu werden". Auch bei dieser Vorgabe sind die Ärzte verpflichtet, für den Patienten eine solche Behandlungs- und Pflegequalität aufrechtzuerhalten, die ihm ein würdevolles Sterben ermöglicht.

Sichergestellt werden müssen durch Ärzte und Pflegepersonal die Körperpflege; auch auf eine menschenwürdige Unterbringung kann nicht verzichtet werden. Eine medizinische Grundversorgung, nicht mehr ausgerichtet auf Heilung, wird Ihnen immer zuteil werden, wie zum Beispiel das Lindern von Atemnot, Unruhe oder sonstiger belastender Symptome. Unabhängig von der Tatsache, dass diese Leistungen auch an einem Sterbenden beziehungsweise Todkranken immer zu erbringen sind, sollte der Patient dies in seiner Patientenverfügung vorsorglich klarstellen.

**Was sagt der Jurist:** Grundsätzlich ist es immer möglich, innerhalb der unterschiedlichen Maßnahmen weitere und engere Grenzen zu stecken. Sie sollten jedoch dabei beachten, dass das medizinische Behandlungskonzept, welches Sie vorgeben, in sich schlüssig und umsetzbar ist.

2. Schmerzbehandlung und Symptombehandlung

Hier ist die Entscheidung zu treffen, ob schmerz- und angstlindernde Maßnahmen durch Medikamente durchgeführt werden sollen.

So schlägt das Bundesministerium der Justiz (www.bjm.bund.de) folgende Formulierung in seiner Formulierungshilfe zur Patientenverfügung vor:

*„In den vorbeschriebenen Situationen wünsche ich eine fachgerechte Schmerz- und Symptombehandlung, aber keine bewusstseinsdämpfenden Mittel zur Schmerz- und Symptombehandlung.*

**oder**

*wenn alle sonstigen medizinischen Möglichkeiten zur Schmerz- und Symptomkontrolle versagen, auch bewusstseinsdämpfende Mittel zur Beschwerdelinderung. Die unwahrscheinliche Möglichkeit einer ungewollten Verkürzung meiner Lebenszeit durch schmerz- und symptomlindernde Maßnahmen nehme ich in Kauf."*

In aller Regel wird mit solch starken Medikamenten, wie Morphium, eine bewusstseinsdämpfende Wirkung verbunden sein. Ob Sie als Patient solches in Kauf nehmen wollen, müssen Sie ausdrücklich festlegen. Entscheiden Sie sich für den Einsatz solcher Medikamente, ist der nächste Schritt, sich darüber Gedanken zu machen, inwieweit die Möglichkeit akzeptiert werden soll, dass sich die restliche Lebenszeit hierdurch verkürzt.

Lehnen Sie dies ab, muss Ihnen die Konsequenz bewusst sein, dass viele dieser bewusstseinsdämpfenden Medikamente nicht zum Einsatz gebracht werden können.

**Was sagt der Arzt:** Morphium und dessen Abkömmlinge sind die am stärksten schmerzlindernden Medikamente. Daneben wirken Morphine angstlösend und vermindern das Gefühl des Erstickens. Allerdings reduzieren Morphine auch den Atemantrieb und reduzieren den Blutdruck. Ein Sterbeprozess kann durch die Gabe von Morphinen deshalb auch beschleunigt werden.

Ordnen Sie eine Gabe solcher Medikamente an, stellt dies auch dann, wenn tatsächlich eine Verkürzung des Lebens hierdurch eintritt, zulässige indirekte Sterbehilfe durch die Ärzte dar.

3.    Einsatz sonstiger Medikamente und operative Eingriffe
Entscheiden Sie sich für eine Maximalbehandlung, steht außer Frage, dass sämtliche zur Verfügung stehenden Medikamente eingesetzt und medizinisch sinnvolle Operationen durchgeführt werden. Wollen Sie den Kreis der zum Einsatz kommenden Medikamente beschränken, schließen Sie diejenigen, die Ihnen nicht verabreicht werden sollen, ausdrücklich aus. Wollen Sie ihn auch auf Medikamente erweitern, die noch nicht zugelassen beziehungsweise hinsichtlich ihrer Nebenwirkungen umstritten sind, legen Sie dies ausdrücklich fest. Entscheiden Sie sich für eine Minimalbehandlung ordnen Sie an, dass die Gabe von Narkotika, Antibiotika zur Linderung der Beschwerden (nicht jedoch zum Zwecke der Lebensverlängerung!) und lediglich erleichternde operative Eingriffe durchgeführt werden dürfen.

4.    Künstliche Ernährung und künstliche Flüssigkeitszufuhr
Einen Patienten durch künstliche Ernährung am Leben zu erhalten, erreicht man in der Regel durch Setzen einer Magensonde (PEG-Sonde) und/oder Magenfistel oder einer Sonde entlang der Speiseröhre. In Pflegeheimen nimmt die Zahl der so Versorgten stetig zu und gehört für Patienten und Pflegepersonal zum Alltag. Durch diese Form der künstlichen Ernährung kann das Leben teilweise um Jahre verlängert werden, ohne dass der Patient im Übrigen noch in der Lage ist, am Leben teilzunehmen. Das Gleiche gilt für die künstliche Flüssigkeitszufuhr. Alternativ hierzu kann – wie oben beschrieben – auf die natürliche Flüssigkeitszufuhr zurückgegriffen werden, solange sie möglich ist.

So schlägt das Bundesministerium der Justiz (www.bjm.bund.de) folgende Formulierung in seiner Formulierungshilfe zur Patientenverfügung vor:

*„In den oben beschriebenen Situationen wünsche ich*
* *dass eine künstliche Ernährung begonnen oder weitergeführt wird*

**oder**

* *dass keine künstliche Ernährung unabhängig von der Form der Zuführung der Nahrung (zum Beispiel Magensonde durch Mund, Nase oder Bauchdecke, venöse Zugänge) erfolgt*
* *eine künstliche Flüssigkeitszufuhr*

**oder**

* *die Reduzierung künstlicher Flüssigkeitszufuhr nach ärztlichem Ermessen*

**oder**

* *die Unterlassung jeglicher künstlicher Flüssigkeitszufuhr …"*

## 5. Wiederbelebung

Wird ein Notarzt zu einer Unfallstelle gerufen, ist der Inhalt einer vorhandenen Patientenverfügung in den seltensten Fällen dort schon bekannt. Daher wird er in dieser Notsituation vor Ort auch, solange medizinisch sinnvoll, Wiederbelebungsversuche durchführen. Die Angst, hier „liegen gelassen zu werden", ist also schon aus praktischen Erwägungen heraus unbegründet. In einer solchen Situation ist selten klar, wie schwer die Verletzungen sind, insbesondere ob ein irreversibel tödlich verlaufendes Grundleiden vorliegt und damit die Patientenverfügung überhaupt anwendbar ist.

Aus diesem Grund wird der Wunsch nach einem Unterlassen der Wiederbelebung also regelmäßig erst zum Tragen kommen, wenn während bestehender Krankheit eine solche durchzuführen wäre. Sie können entscheiden, dass jegliche Versuche zur Wiederbelebung unterlassen werden sollen. Auch können Sie anordnen, dass ein Notarzt erst gar nicht verständigt wird; ist er verständigt, ist er von den Anwesenden unverzüglich über Ihren Wunsch, nicht wiederbelebt zu werden, zu informieren und hat daher mit Wiederbelebungsmaßnahmen nicht zu beginnen beziehungsweise diese unverzüglich wieder einzustellen.

**Was sagt der Arzt:** Tritt der Sterbeprozess ein oder ist der Patient verstorben und der Betroffene hat z. B. durch eine Patientenverfügung festgelegt, dass keine Wiederbelebungsversuche durchgeführt werden sollen, muss nicht zwingend ein Notarzt verständigt werden. Klären Sie rechtzeitig, was im Falle des Todes passieren soll: Kann der Hausarzt verständigt werden? Soll der Kassenärztliche Dienst verständigt werden? Wird doch ein Notarzt verständigt, gilt wieder: „Fungieren Sie als Sprachrohr Ihres Angehörigen". Geben Sie dem Notarzt klare Richtlinien vor und zeigen ihm ggf. die Patientenverfügung.

So schlägt das Bundesministerium der Justiz (www.bjm.bund.de) folgende Formulierung in seiner Formulierungshilfe zur Patientenverfügung vor:

*„In den oben beschriebenen Situationen wünsche ich*

- *in jedem Fall Versuche der Wiederbelebung*

**oder**

- *die Unterlassung von Versuchen zur Wiederbelebung*
- *dass eine Notärztin oder ein Notarzt nicht verständigt wird beziehungsweise im Falle einer Hinzuziehung unverzüglich über meine Ablehnung von Wiederbelebungsmaßnahmen informiert wird.*

*Nicht nur in den oben beschriebenen Situationen, sondern in allen Fällen eines Kreislaufstillstandes oder Atemversagens*

- *lehne ich Wiederbelebungsmaßnahmen ab*

**oder**

- *lehne ich Wiederbelebungsmaßnahmen ab, sofern diese Situationen nicht im Rahmen medizinischer Maßnahmen unerwartet eintreten."*

## 6. Künstliche Beatmung

Die künstliche Beatmung kann verweigert werden und es kann gefordert werden, dass eine eingeleitete künstliche Beatmung unverzüglich abgestellt wird. Eine künstliche Beatmung wird in der Regel über den Anschluss an ein Beatmungsgerät erfolgen.

So schlägt das Bundesministerium der Justiz (www.bjm.bund.de) folgende Formulierung in seiner Formulierungshilfe zur Patientenverfügung vor:

*„In den vorbeschriebenen Situationen wünsche ich*

• *eine künstliche Beatmung, falls dies mein Leben verlängern kann,*

**oder**

• *dass keine künstliche Beatmung durchgeführt wird beziehungsweise eine schon eingeleitete Beatmung eingestellt wird, unter der Voraussetzung, dass ich Medikamente zur Linderung der Luftnot erhalte.*

*Die Möglichkeit einer Bewusstseinsdämpfung oder einer ungewollten Verkürzung meiner Lebenszeit durch diese Medikamente nehme ich in Kauf."*

Sollten Sie sich gegen eine künstliche Beatmung entscheiden, sollten Sie klarstellen, dass Ihnen Medikamente zur Linderung der Luftnot gegeben werden.

7.     Gabe von Blut und Blutbestandteilen/Kreislauf stützende Maßnahmen

a)     Gabe von Blut und Blutbestandteilen

Blut beziehungsweise Blutbestandteile werden entweder gegeben, um das Leben zu verlängern oder nur zur Linderung der Beschwerden.

So schlägt das Bundesministerium der Justiz (www.bjm.bund.de) folgende Formulierung in seiner Formulierungshilfe zur Patientenverfügung vor:

*„In den vorbeschriebenen Situationen wünsche ich*

• *die Gabe von Blut oder Blutbestandteilen, falls dies mein Leben verlängern kann,*

**oder**

• *die Gabe von Blut oder Blutbestandteilen nur zur Linderung meiner Beschwerden."*

26

Für welche Variante Sie sich auch immer entscheiden, stellen Sie klar, was Sie wünschen.

### b) Kreislauf stützende Maßnahmen

Häufig wird in den im Umlauf befindlichen Mustern zu Patientenverfügungen dieser Themenkreis ausgeklammert.

**Was sagt der Arzt:** Katecholamine sind Abkömmlinge des Stresshormons Adrenalin und sind stark kreislaufwirksam. Sie können auch einem „sterbenden Herz" helfen, einen Kreislauf künstlich aufrecht zu erhalten. Daneben werden Katecholamine bei der Wiederbelebung eingesetzt. Werden solche Substanzen eingesetzt, wird der menschliche Körper über die Kreislaufunterstützung künstlich „in Fahrt" gehalten. Bedenken Sie, dass Sie damit unter Umständen auf wichtige Medikamente der Intensivmedizin verzichten. Regeln Sie genau, wann ein solcher Verzicht gelten soll und wann nicht (Unfall).

Ob Sie den Einsatz solcher Medikamente wünschen, sollten Sie ausdrücklich klarstellen.

### III. Wie gehe ich mit dem Thema Organspende um?

Eine Organentnahme nach Feststellung des Todes, welche strengen Regeln nach dem Transplantationsgesetz zu folgen hat, steht oft in Widerspruch zu der Anordnung der Minimalbehandlung. Werden lebenserhaltende Maßnahmen eingestellt oder gar nicht erst begonnen, wird in aller Regel eine Organentnahme nicht mehr stattfinden können. Das Organ ist verloren.

**Was sagt der Arzt:** Die Organspende kommt nur bei Patienten in Frage, bei denen der Hirntod festgestellt wurde. In der Praxis stellt sich die Frage nach der Organspende häufig nach Wiederbelebungsversuchen oder Unfällen. Der Patient wird auf der Intensivstation mit einem Beatmungsgerät versorgt, oft werden die Kreislauffunktionen durch starke Medikamente (Katecholamine) aufrechterhalten.

Die Feststellung des Hirntodes beinhaltet Untersuchungen, die nach heutigem medizinischen Wissen eindeutig zeigen, dass das Gehirn des Patienten nicht mehr lebt. Die Hirntoddiagnostik wird von speziell ausgebildeten Ärzten durchgeführt und beinhaltet unter anderem den Nachweis, dass keine Hirnaktivität mehr vorhanden ist. Ein Patient, bei dem der Hirntod festgestellt wurde, ist rechtlich und medizinisch tot. In solch einer Situation stellt sich häufig die Frage nach der Organspende. Auch hier gilt: Der Wille des Patienten zählt! Hat sich der Betroffene jemals zum Thema Organspende geäußert? Wie war seine Einstellung zu einer Organentnahme? Hatte er einen Organspendeausweis? Angehörige entscheiden in so einer psychisch stark belastenden Situation oft emotional. Wichtig ist zu wissen, dass die Hirntoddiagnostik und die Entnahme der Organe in Deutschland streng gehandhabt werden. Der Leichnam sieht nach der Organentnahme nahezu unversehrt aus. Auch können die Angehörigen mitbestimmen, welche Organe entnommen werden sollen und welche nicht.

Wollen Sie trotz Ihrer Entscheidung für eine Minimalbehandlung Ihre Organe zur Verfügung stellen, sollten Sie klarstellen, ob die Bereitschaft zur Organspende den Regelungen der Patientenverfügung vorgeht. Folge wäre dann, dass gewisse medizinische Maßnahmen, die Sie eigentlich mit Ihren Regelungen ausgeschlossen haben, begonnen oder aufrechterhalten werden können, damit ein Organ lebensfähig erhalten wird. Wollen Sie das nicht, so stellen Sie klar, dass die Patientenverfügung vorrangig gilt.

**Was sagt der Arzt:** Der Einsatz von Katecholaminen und die künstliche Beatmung ist bei einer geplanten Organentnahme unumgänglich.

Wollen Sie unbedingt, auch mit dem Risiko, dass Sie als Organspender damit nicht zur Verfügung stehen, an den Bestimmungen der Patientenverfügung festhalten, legen Sie dies ausdrücklich nieder.

So schlägt das Bundesministerium der Justiz (www.bjm.bund.de) folgende Formulierung in seiner Formulierungshilfe zur Patientenverfügung vor:

*„Ich stimme einer Entnahme meiner Organe nach meinem Tod zu Transplantationszwecken zu (gegebenenfalls: ich habe einen Organspendeausweis ausgefüllt). Komme ich nach ärztlicher Beurteilung bei einem sich abzeichnenden Hirntod als Organspender in Betracht und müssen dafür ärztliche Maßnahmen durchgeführt werden, die ich in meiner Patientenverfügung ausgeschlossen habe, dann*

- *geht die von mir erklärte Bereitschaft zur Organspende vor.*

**oder**

- *gehen die Bestimmungen in meiner Patientenverfügung vor.*

**oder**

• *Ich lehne eine Entnahme meiner Organe nach meinem Tod zu Transplantationszwecken ab."*

### IV. Sonstige Festlegungen

Je nach Sachlage und den individuellen Bedürfnissen können weitere Festlegungen getroffen werden. Zum Beispiel kann angegeben werden, ob eine Verlegung in ein Hospiz oder zum Sterben nach Hause gewünscht ist. Auch können Aussagen darüber getroffen werden, wer benachrichtigt werden soll, z. B. Familienangehörige, ein Pfarrer oder der Hausarzt. Existiert eine Vorsorgevollmacht, sollte ein Hinweis hierauf erfolgen und die Klarstellung, dass der Bevollmächtigte den in der Patientenverfügung geäußerten Wünschen nachzukommen hat. Zum Abschluss des Dokuments sollte noch einmal bekräftigt werden, dass Ihnen sowohl die medizinische als auch die juristische Tragweite der Erklärung bekannt ist und Sie bereit sind, die sich hieraus ergebenden Konsequenzen zu tragen.

Checkliste: Aufbau einer Patientenverfügung

• Angaben zum Ersteller
• Beschreibung der Anwendungssituation
• ärztliche/pflegerische Maßnahmen
• Organspendebereitschaft
• die zu benachrichtigenden Personen, sonstige Festlegungen und Wünsche
• Datum und Unterschrift
• Beilegung der Bestätigungen über medizinische und juristische Beratung im Vorfeld der Erstellung bzw. bei der Erstellung

Nutzen Sie die Möglichkeit, eine Patientenverfügung zu erstellen. Die neue gesetzliche Lage eröffnet Ihnen neue Selbstbestimmungsbefugnis und damit tatsächlich und rechtlich abgesichert die Möglichkeit, Ihr Schicksal selbst in die Hand zu nehmen. Sie übernehmen damit Verantwortung für sich und letztlich auch für Ihre nahen Angehörigen. Gerade die werden es Ihnen danken.

## O.   Wie verhalte ich mich als Angehöriger?

Tritt eine Notsituation ein, kommt es ganz entscheidend darauf an, dass die Patientenverfügung unverzüglich beim Adressaten, das heißt beim Pflegepersonal beziehungsweise den behandelnden Ärzten, vorliegt. Je früher die betreffenden Personen von einer Patientenverfügung Kenntnis haben, desto wahrscheinlicher ist es, dass Wünsche – insbesondere auf Minimalbehandlung – auch umgesetzt werden. Erfahren Sie also von der schweren Erkrankung oder dem Unfall des Erstellers einer Patientenverfügung, benachrichtigen Sie Ärzte beziehungsweise Pflegepersonal umgehend und telefonisch vorab von der Existenz einer solchen. Das gesamte Schriftstück sollte dann im Original unverzüglich an den Ort der Behandlung/Pflege verbracht werden, um Ärzte und Pflegepersonal inhaltlich von den Wünschen des Patienten in Kenntnis zu setzen. Informieren Sie unverzüglich den Betreuer beziehungsweise Bevollmächtigten des Patienten über die eingetretene Situation. Er sollte unverzüglich mit dem Betreuerausweis beziehungsweise dem Original der ihm übergebenen Vollmacht im Krankenhaus beziehungsweise in der Pflegeeinrichtung erscheinen, damit Ärzte und Pfleger einen Ansprechpartner haben.

## P.  Medizinisches Glossar (nicht alphabetisch)

- **Beatmungsgerät:** Medizinisches Gerät, ohne das der Patient nicht atmen kann. Es übernimmt die Atemfunktion, meist ist hierfür das Einführen eines Plastikschlauchs (Tubus) in die Luftröhre nötig.
- **Katecholamine:** Dem Adrenalin (Stresshormon) verwandte Substanzen, die zur Kreislaufunterstützung eingesetzt werden.
- **Hirntod:** Form des Todes. Die Hirnfunktionen sind erloschen, der Patient gilt rechtlich und medizinisch als verstorben.
- **PEG-Sonde:** Perkutane endoskopische Gastrostomie: Sie erfolgt im Rahmen einer Magenspiegelung und ist die Anlage einer Sonde (Plastikschlauch), die durch die Bauchdecke in den Magen geht. Über die Sonde kann spezielle Flüssignahrung (Sondenkost) in den Magen gelangen, wenn die Aufnahme der Nahrung über den Mund, z. B. durch Schluckstörungen, nicht mehr möglich ist (auch als PEJ-Sonde möglich, die dann nicht in den Magen, sondern in den Dünndarm geht).
- **Neurologe:** Nervenfacharzt
- **Kassenärztlicher Notdienst:** „Notfalldienst der Hausärzte", der außerhalb der üblichen Sprechzeiten Hausbesuche übernimmt (kommt meist mit zeitlicher Verzögerung).
- **Apallisches Syndrom:** Das Apallische Syndrom ist ein Krankheitsbild aus der Neurologie, das durch schwerste Schädigung des Großhirns hervorgerufen wird. Dabei kommt es zu einem funktionellen Ausfall der gesamten Groß-

hirnfunktion oder größerer Teile, während Funktionen von Zwischenhirn, Hirnstamm und Rückenmark erhalten bleiben.

- **Demenz:** Erkrankung des Gehirns, bei der es zu einer fortschreitenden Einschränkung der geistigen Leistungsfähigkeit kommt. Vor allem ist das Kurzzeitgedächtnis, das Denkvermögen, die Sprache und die Motorik (Bewegungsabläufe), nur bei einigen Formen auch die Persönlichkeitsstruktur betroffen.
- **Dialyse:** Nierenersatztherapie. Hierbei wird die Funktion der Niere ersetzt, Giftstoffe aus dem Blut zu filtern.
- **Transfusion:** Ersatz von Blut- und/oder Blutbestandteilen.
- **(Organ-)Transplantation:** „Verpflanzung von Organen".

# 2. Teil: Die Vorsorgevollmacht des Immobilieneigentümers

## A. Was ist eine Vorsorgevollmacht?

Ein Erwachsener erhält einen Betreuer, wenn er nicht mehr in der Lage ist, seine eigenen Angelegenheiten zu regeln, zum Beispiel aufgrund einer körperlichen, seelischen oder geistigen Behinderung. Die Betreuerbestellung hat zu unterbleiben, wenn bereits eine Person vorhanden ist, die sich um die zu betreuende Person kümmert, also die Angelegenheiten erledigen kann, die ein Betreuer zu erledigen hätte. Dies ist ausdrücklich in § 1896 BGB so geregelt. Damit hat jede erwachsene Person in gesunden Tagen die Möglichkeit, sich eine Person auszusuchen, die sich um sie kümmert, falls eine Regelung der eigenen Angelegenheiten nicht mehr möglich ist.

**Was sagt der Jurist:** Praktisch bedeutet dies, dass in einer schriftlichen Vollmacht eine Person benannt wird, die anstelle eines staatlich bestellten Betreuers die notwendige Unterstützung gewährt. Zwar kann die Vollmacht mündlich erteilt werden, aber es liegt auf der Hand, dass diese Art der Bevollmächtigung nur schwer nachweisbar ist, in aller Regel nur mit Hilfe von Zeugen.

Die Vollmacht ist auch dann wirksam, wenn der Bevollmächtigte, also die Person, die sich um einen kümmern soll, noch nichts von der Bevollmächtigung bzw. von seinen zukünftigen eventuellen Aufgaben weiß. Es genügt die einseitige Benennung einer Person. Allerdings braucht diese Person die in der Vollmacht näher beschriebenen Aufgaben nicht zu übernehmen. Niemand kann gezwungen werden, eine andere Person zu vertreten bzw. sich um sie zu kümmern.

Deshalb ist es ein Gebot der Vernunft, dass der Vollmachtgeber, also die Person, die einer anderen Person die Vollmacht erteilt, sich vorher mit dem Bevollmächtigten abstimmt, ob dieser auch bereit ist, die Aufgaben, die normalerweise ein staatlich bestellter Betreuer wahrzunehmen hätte, zu übernehmen. Die Vorsorgevollmacht ist somit eine Vollmacht, die unter der Voraussetzung erteilt wird, dass der Vollmachtgeber seine eigenen Angelegenheiten nicht mehr regeln kann, z. B. als Koma-Patient, wegen geistiger Verwirrung oder körperlichem Verfall. Gleichzeitig soll eine staatliche Betreuerbestellung vermieden werden.

**Was sagt der Jurist:** Es ist nicht Aufgabe des Bevollmächtigten, die notwendigen pflegerischen Leistungen, z. B. An- und Auskleiden, Medikamentengabe, persönlich zu erbringen. Die Aufgabe des Bevollmächtigten besteht darin, die notwendigen Maßnahmen zu organisieren.

Eine Vorsorgevollmacht kann also auch so beschrieben werden, dass eine pflegebedürftige oder eventuell zukünftig pflegebedürftige Person eine Person bestimmt, die alle notwendigen Maßnahmen organisiert, damit die zu betreuende Person gepflegt und betreut wird und gleichzeitig eine staatliche Betreuerbestellung verhindert wird.

## B. Der Unterschied zwischen Vorsorgevollmacht, Patientenverfügung und Betreuungsverfügung

Eine Patientenverfügung ist eine Anweisung an die behandelnden Ärzte, in Lebenssituationen, in denen eine Heilung oder Besserung des Patienten nicht mehr möglich ist, keine lebensverlängernden Maßnahmen durchzuführen oder bereits begonnene abzubrechen. Grundsätzlich kann der Patient selbst den Ärzten Anweisungen geben, wenn er dazu noch in der Lage ist. Kann er das nicht mehr, müssen andere für ihn handeln. Nahe Angehörige, Verwandte, Nachbarn etc. können dann die Patientenverfügung den Ärzten vorlegen. Es geht nur darum, dass die Ärzte wissen, welche medizinische Behandlung der Patient wünscht. Natürlich kann auch der Bevollmächtigte die Patientenverfügung den Ärzten vorlegen. Dies setzt aber voraus, dass der Bevollmächtigte in der konkreten Situation auch greifbar ist und sich z. B. nicht für längere Zeit im Ausland aufhält oder wegen eigener Gebrechen keine Erklärungen mehr abgeben kann.

Eine zusätzlich zur Vorsorgevollmacht errichtete Patientenverfügung ermöglicht somit auch anderen Personen, den Willen des Patienten den Ärzten mitzuteilen. Unabhängig davon ist es sinnvoll, dass auch in der Vorsorgevollmacht selbst darauf hingewiesen wird, dass der Bevollmächtigte berechtigt ist, die Patientenverfügung geltend zu machen, eventuell auch dadurch, dass die gesamte Patientenverfügung Bestandteil der Vollmacht wird. Die Betreuungsverfügung ist dagegen die Anweisung an einen gerichtlich zu bestellenden Betreuer, im Rahmen der Betreuung die Wünsche der zu betreuenden Person zu berücksichtigen. Ferner können dem Gericht Vorschläge unterbreitet werden, wer als Betreuer bestellt werden soll. Die Betreuungsverfügung ist somit entbehrlich, wenn eine Vorsorgevollmacht erteilt wurde. Eine Betreuungsverfügung ist regelmäßig für die Fälle vorgesehen, in denen die zu betreuende Person niemanden kennt, der als Vorsorgebevollmächtigter in Betracht käme.

**Was sagt der Jurist:** Die Patientenverfügung ist ausschließlich eine Anweisung an die Ärzte, während die Vorsorgevollmacht berechtigt, sich um alle anderen Angelegenheiten zu kümmern, für die ansonsten ein Betreuer bestellt werden müsste.

## C. Der Inhalt der Vorsorgevollmacht

Den Inhalt der Vorsorgevollmacht kann die Person, welche die Vollmacht erteilt (= Vollmachtgeber) selbst bestimmen. Das Recht, den Inhalt der Vollmacht bestimmen zu können, besagt aber noch nicht, dass man auch alles richtig macht und eine staatliche Betreuung ausgeschlossen hat. Zu bedenken ist nämlich, dass ein staatlich bestellter Betreuer unterschiedliche Aufgabenkreise haben kann, z. B. die Gesundheitsfürsorge, die Regelung der Wohnungsangelegenheiten, die Aufenthaltsbestimmung, die Vermögenssorge usw. Derjenige, der eine Vorsorgevollmacht verfasst, sollte also darauf achten, dass seine Vollmacht alle Aufgabenkreise eines eventuellen Betreuers abdeckt.

*Beispiel: Hat der Vollmachtgeber in seiner Vorsorgevollmacht nur die Gesundheitsfürsorge geregelt, kann trotzdem noch ein Betreuer für die Vermögenssorge bestellt werden.*

### I. Die Vorsorgevollmacht des Bundesjustizministeriums

Eine bewährte Vorsorgevollmacht bietet das Bundesjustizministerium an. Diese kann unter www.bmj.bund.de/media/archive/953.pdf heruntergeladen werden. Mit ❑ Ja oder ❑ Nein kann angekreuzt werden, welche Regelungen akzeptiert werden und welche nicht. Sie hat folgenden Inhalt:

VORSORGEVOLLMACHT

*Ich, ..............................* *(Vollmachtgeber/in) Name, Vorname*
*.............................* *Geburtsdatum, Geburtsort*
*.............................* *Adresse*
*.............................* *Telefon, Telefax*
*erteile hiermit Vollmacht an*
*.............................* *(bevollmächtigte Person) Name, Vorname*

............................................. *Geburtsdatum*

............................................. *Adresse*

............................................. *Telefon, Telefax*

*Diese Vertrauensperson wird hiermit bevollmächtigt, mich in allen Angelegenheiten zu vertreten, die ich im Folgenden angekreuzt oder angegeben habe. Durch diese Vollmachtserteilung soll eine vom Gericht angeordnete Betreuung vermieden werden. Die Vollmacht bleibt daher in Kraft, wenn ich nach ihrer Errichtung geschäftsunfähig geworden sein sollte. Die Vollmacht ist nur wirksam, solange die bevollmächtigte Person die Vollmachtsurkunde besitzt und bei Vornahme eines Rechtsgeschäfts die Urkunde im Original vorlegen kann.*

## 1. Gesundheitssorge/Pflegebedürftigkeit

• *Sie darf in allen Angelegenheiten der Gesundheitssorge entscheiden, ebenso über alle Einzelheiten einer ambulanten oder (teil-)stationären Pflege. Sie ist befugt, meinen in einer Patientenverfügung festgelegten Willen durchzusetzen.*
❏ *JA*  ❏ *NEIN*

• *Sie darf insbesondere in sämtliche Maßnahmen zur Untersuchung des Gesundheitszustandes und in Heilbehandlungen einwilligen, auch wenn diese mit Lebensgefahr verbunden sein könnten oder ich einen schweren oder länger dauernden gesundheitlichen Schaden erleiden könnte (§ 1904 Abs. 1 BGB). Sie darf die Einwilligung zum Unterlassen oder Beenden lebensverlängernder Maßnahmen erteilen.*
❏ *JA*  ❏ *NEIN*

• *Sie darf Krankenunterlagen einsehen und deren Herausgabe an Dritte bewilligen. Ich entbinde alle mich behandelnden Ärzte und nichtärztliches Personal gegenüber meiner bevollmächtigten Vertrauensperson von der Schweigepflicht.*
❏ *JA*  ❏ *NEIN*

• *Sie darf über meine Unterbringung mit freiheitsentziehender Wirkung (§ 1906 Abs. 1 BGB) und über freiheitsentziehende Maßnahmen (z. B. Bettgitter, Medikamente u. ä.) in einem Heim oder in einer sonstigen Einrichtung (§ 1906 Abs. 4 BGB) entscheiden, solange dergleichen zu meinem Wohle erforderlich ist.*
❏ *JA*  ❏ *NEIN*

• ............................................................
❏ *JA*  ❏ *NEIN*

*2. Aufenthalt und Wohnungsangelegenheiten*
- *Sie darf meinen Aufenthalt bestimmen, Rechte und Pflichten aus dem Mietvertrag über meine Wohnung einschließlich einer Kündigung wahrnehmen sowie meinen Haushalt auflösen.*
❒ *JA*    ❒ *NEIN*

- *Sie darf einen Heimvertrag abschließen.*
❒ *JA*    ❒ *NEIN*

- .............................................................................
❒ *JA*    ❒ *NEIN*

*3. Behörden*
- *Sie darf mich bei Behörden, Versicherungen, Renten- und Sozialleistungsträgern vertreten.*
❒ *JA*    ❒ *NEIN*

- .............................................................................
❒ *JA*    ❒ *NEIN*

*4. Vermögenssorge*
- *Sie darf mein Vermögen verwalten und hierbei alle Rechtshandlungen und Rechtsgeschäfte im In- und Ausland vornehmen, Erklärungen aller Art abgeben und entgegennehmen sowie Anträge stellen, abändern, zurücknehmen,*
❒ *JA*    ❒ *NEIN*

*namentlich*
o *über Vermögensgegenstände jeder Art verfügen*
❒ *JA*    ❒ *NEIN*

o *Zahlungen und Wertgegenstände annehmen*
❒ *JA*    ❒ *NEIN*

o *Verbindlichkeiten eingehen*
❒ *JA*    ❒ *NEIN*

o *Willenserklärungen bezüglich meiner Konten, Depots und Safes abgeben. Sie darf mich im Geschäftsverkehr mit Kreditinstituten vertreten.*
❒ *JA*    ❒ *NEIN*

o *Schenkungen in dem Rahmen vornehmen, der einem Betreuer rechtlich gestattet ist.*
❏ *JA* ❏ *NEIN*

o ...........................................................................
❏ *JA* ❏ *NEIN*

• *Folgende Geschäfte soll sie nicht wahrnehmen können:*
..................................................................................

*(Achtung: Kreditinstitute verlangen oft eine Vollmacht auf bankeigenen Vordrucken! Für Immobiliengeschäfte, Aufnahme von Darlehen sowie für Handelsgewerbe ist eine notarielle Vollmacht erforderlich!)*

*5. Post- und Fernmeldeverkehr*
*Sie darf die für mich bestimmte Post entgegennehmen und öffnen sowie über den Fernmeldeverkehr entscheiden. Sie darf alle hiermit zusammenhängenden Willenserklärungen (z. B. Vertragsabschlüsse, Kündigungen) abgeben.*

*6. Vertretung vor Gericht*
*Sie darf mich gegenüber Gerichten vertreten sowie Prozesshandlungen aller Art vornehmen.*

*7. Untervollmacht*
*Sie darf in einzelnen Angelegenheiten Untervollmacht erteilen.*

*8. Betreuungsverfügung*
*Falls trotz dieser Vollmacht eine gesetzliche Vertretung („rechtliche Betreuung") erforderlich sein sollte, bitte ich, die oben bezeichnete Vertrauensperson als Betreuer zu bestellen.*

.................................................................... *Ort, Datum*
*Unterschrift der Vollmachtgeberin/des Vollmachtgebers*

.................................................................... *Ort, Datum*
*Unterschrift der Vollmachtnehmerin/des Vollmachtnehmers*
*(u. U. Beglaubigungsvermerk)*

## II.  Die Vollmacht speziell für den Immobilieneigentümer

Die Verwaltung, eventuell die Veräußerung von Immobilien, muss möglich sein, wenn der Eigentümer dazu nicht mehr in der Lage ist. Mit der Generalvollmacht ist der Bevollmächtigte sicher in der Lage, alle erforderlichen Geschäfte vorzunehmen. Die Bedenken gegen die Erteilung einer Generalvollmacht wurden aber schon angesprochen. Es liegt möglicherweise auch im Interesse des Vollmachtgebers, dass Immobilien nicht oder nur im äußersten Notfall, veräußert werden. Mit Hilfe der Generalvollmacht kann sich der Bevollmächtigte über diesen Wunsch aber hinwegsetzen. Hilfreich ist deshalb eine spezielle Vollmacht für die Verwaltung des Immobilienbesitzes, die wie folgt lauten könnte:

*„Ich bevollmächtige hiermit Herrn/Frau ... im Rahmen der Verwaltung meiner Immobilien alle Erklärungen abzugeben, die ich auch selbst abgeben könnte. Dazu gehören:*

- *der Abschluss neuer Mietverträge,*
- *die einvernehmliche Änderung von Mietverträgen,*
- *die Durchführung von Mieterhöhungsverfahren,*
- *die Kündigung von Mietverhältnissen,*
- *die Abnahme von Wohnungen,*
- *die Abmahnung von Mietern,*
- *die Einziehung der Mieten,*
- *die Erstellung der Jahresabrechnung über die Betriebskosten,*
- *die Verwaltung der Mietkautionskonten,*
- *die Geltendmachung von Schadenersatzansprüchen gegenüber Mietern, z. B. wegen unterlassener Schönheitsreparaturen,*
- *die Abgabe sämtlicher Steuererklärungen und Entgegennahme aller Steuerbescheide einschließlich des Rechtes, dagegen ein Rechtsmittel einzulegen,*
- *die im Zusammenhang mit der Verwaltung der Immobilie erforderlichen außergerichtlichen Verhandlungen sowie Mietprozesse zu führen,*
- *die zur Erhaltung des Hauses erforderlichen Reparaturen und Instandhaltungsmaßnahmen durchzuführen,*
- *zur Finanzierung von Instandhaltungsmaßnahmen Darlehen bis zu einer Höhe von ... aufzunehmen und grundbuchlich sichern zu lassen.*

*Ferner gebe ich dem Bevollmächtigten die Anweisung, die Immobilien in einem gut vermietbaren Zustand zu erhalten und frei werdende Wohnungen mit dem heute üblichen technischen Standard zu versehen.*

*Der Bevollmächtigte ist berechtigt, Untervollmacht zu erteilen, z. B. an Rechts-*
*anwälte und Steuerberater. Auch darf er eine Hausverwaltung mit der Ver-*
*waltung der Immobilien beauftragen, hat diese jedoch zu kontrollieren.*
*Die Jahresüberschüsse abzüglich der zu zahlenden Steuern sind auf folgendes*
*Konto zu überweisen: ..."*

## D.  Die Auswahl des Bevollmächtigten

Es bedarf keiner näheren Begründung, dass der Bevollmächtigte sorgfältig auszuwählen ist. Die gegenseitige Bevollmächtigung von Eheleuten ist eher die Regel als die Ausnahme und hängt sicherlich zusammen mit einer oft jahrzehnte-
langen gewachsenen Vertrauensbasis. Aber schon gemeinsame Kinder sollten
zumindest nicht gedankenlos bevollmächtigt werden. Der Bevollmächtigte
muss nicht nur zuverlässig und verantwortungsbewusst sein, sondern auch gegenüber Behörden und Ärzten die Wünsche und Interessen der Vollmachtgeber
vertreten und durchsetzen können.

**Was sagt der Jurist:** Zu bedenken ist auch der Einfluss von Schwiegerkin-
dern sowie die finanzielle Situation des Bevollmächtigten. Wem das Wasser fi-
nanziell bis zum Hals steht, ist in punkto finanzieller Unregelmäßigkeiten sicherlich gefährdeter als ein Kind, das wirtschaftlich abgesichert ist.

Unter Umständen ist daran zu denken, dass dem Bevollmächtigten nur Konto-
vollmacht erteilt wird für die Konten, auf die regelmäßige Erträge eingehen,
z. B. Renten, Pensionszahlungen, Mieten etc. Für eventuell notwendig werdende größere Geldabhebungen wäre an eine gemeinschaftliche Bevollmächtigung
zu denken.

### I.  Der Einzelbevollmächtigte
Im Fokus kritischer Beobachtungen steht der Einzelbevollmächtigte. Er hat es
in der Hand, in Vermögensangelegenheiten sich einen „Vorschuss auf die Erb
schaft" zu genehmigen, wenn ihn andere Personen, insbesondere der Vollmachtgeber, nicht mehr kontrollieren können.

**Was sagt der Jurist:** Es ist leider richtig, dass die Zahl der Prozesse zwischen
Erben und Bevollmächtigten zunimmt, insbesondere weil dem Bevollmächtigten entweder eine Veruntreuung unterstellt wird oder er tatsächlich Vermögen
veruntreut hat.

Letztlich kann aber keine allgemein gültige Empfehlung für oder gegen eine Einzelvollmacht ausgesprochen werden. Man hat auch zu bedenken, dass in Tausenden von Fällen die Einzelbevollmächtigung gut funktioniert und diese Bevollmächtigten unentbehrliche Helfer geworden sind.

## II. Mehrere Bevollmächtigte

Aus unterschiedlichen Gründen kommt die Bevollmächtigung mehrerer Personen in Betracht, sei es, dass mehrere Personen je einzeln eine Vollmacht erhalten oder mehrere Personen nur gemeinsam handeln dürfen.

### 1. Mehrere Einzelvollmachten

Jeder Vollmachtgeber ist berechtigt, mehrere Personen als Bevollmächtigte einzusetzen, und zwar in der Weise, dass jeder Bevollmächtigte einzeln handeln kann. Beweggrund hierfür ist die Befürchtung, dass ein Bevollmächtigter ausfällt, nicht mehr vor Ort wohnt, sich öfter im Ausland aufhält oder krank wird und sich nicht mehr um den Vollmachtgeber kümmern kann. Ferner haben Eltern bzw. ein Elternteil häufig die Sorge, dass bei der Bevollmächtigung nur eines Kindes die anderen Kinder sich zurückgesetzt fühlen. Diese Regelung hat aber auch Nachteile. Wenn sich die bevollmächtigten Kinder untereinander nicht verstehen, der eine „hü" und der andere „hott" sagt, kann letztlich Handlungsunfähigkeit eintreten. Es sollte deshalb zumindest eine Regelung getroffen werden, dass für den Fall, dass unterschiedliche Anweisungen vorliegen, ein ganz bestimmter Bevollmächtigter im Zweifel alleine entscheiden darf, insbesondere im gesundheitlichen Bereich. Ob dies das älteste Kind ist oder das Kind, das sich im medizinischen Bereich besser auskennt, mag individuell entschieden werden.

### 2. Die Gemeinschaftsvollmacht

Mit dieser Vollmacht können die Bevollmächtigten nur gemeinsam handeln. Sind z. B. drei Bevollmächtigte nur gemeinsam zum Handeln berechtigt, müssen alle drei den Ärzten Anweisungen erteilen, alle drei müssen gemeinsam den Überweisungsauftrag unterzeichnen etc. Diese gemeinsame Vollmacht ist sicherer als eine Einzelvollmacht, aber sie birgt auch die Gefahr gegenseitiger Blockierung. Wenn nichts mehr läuft, muss das Vormundschaftsgericht einen Kontrollbetreuer nach § 1896 Abs. 3 BGB bestellen. Dieser kann dann die Vollmachten widerrufen. In Betracht kommen aber auch diverse Zwischenlösungen. In vielen Fällen wird weder die Einzelvollmacht noch die reine Gemeinschaftsvollmacht interessengemäß sein. Ist z. B. ein Kind medizinisch bewandert, kommt in Betracht, dass diesem Kind für den medizinischen Teil der Vollmacht Alleinvertretungsbefugnis erteilt wird. Dem anderen Kind könnte Alleinvertretungsbefugnis für das Girokonto erteilt werden. Für andere Konten, z. B. Kapitalanlagekonten, Depotkonten etc., könnte eine Gemeinschaftsvollmacht erteilt werden. Auch könnten jedem Bevollmächtigten Kontrollbefugnisse für die Handlungen der anderen Bevollmächtigten erteilt werden.

### 3. Der Unterbevollmächtigte

Der Vollmachtgeber kann das Recht einräumen Unterbevollmächtigte zu benennen, z. B. Rechtsanwälte und Steuerberater. Möglich ist auch, dass ein Bevollmächtigter Untervollmacht erteilt für die Zeit, in der der Hauptbevollmächtigte verhindert ist, z. B. während seiner Urlaubsabwesenheit. Eine solche Untervollmacht könnte lauten:

Formulierungsvorschlag:
*„Gemäß Urkunde meiner Mutter vom ... bin ich befugt, für alle Bereiche der mir erteilten Vollmacht Untervollmacht zu erteilen. Vom 02.05. ... bis 30.05. ... bin ich urlaubsbedingt verhindert, die in der Vollmacht näher beschriebenen Aufgaben auszuführen. Ich erteile meiner Schwester ... Untervollmacht für meinen Urlaubszeitraum. Sie darf alle Handlungen vornehmen, die ich auch selbst aufgrund der Vollmacht für meine Mutter vornehmen dürfte."*

### 4. Der Hilfsbevollmächtigte

Häufig ist die Formulierung zu lesen: *„... unser Bevollmächtigter ist (Name), hilfsweise bestellen wir als Bevollmächtigten (Name)"*. Mit derartigen Formulierungen haben Sie sich keinen Gefallen getan und dem Hilfsbevollmächtigten „Steine statt Brot" gegeben. Der Hilfsbevollmächtigte weiß nämlich nicht, unter welchen Voraussetzungen er Bevollmächtigter ist. Heißt hilfsweise, dass der erste Bevollmächtigte verstorben ist, dass der erste Bevollmächtigte krank ist, dass der erste Bevollmächtigte nicht mehr Bevollmächtigter sein will, dass sich der erste Bevollmächtigte im Urlaub befindet? Diese Fragen stellen sich aber auch die Ärzte, und mit Sicherheit auch die Bank. Die Bank wird bei einer solchen Formulierung dem Hilfsbevollmächtigten kein Geld zur Verfügung stellen. Die Bank weiß nämlich nicht, ob der Hilfsfall wirklich vorliegt.

Es hilft auch nichts, dass das Wort hilfsweise näher beschrieben wird, z. B. durch Worte wie *„hilfsweise, das heißt für den Fall, dass der erste Bevollmächtigte verstorben ist, verhindert oder nicht mehr in der Lage ist ..."*. In solchen Fällen müsste dann der Hilfsbevollmächtigte nachweisen, dass der Hauptbevollmächtigte verstorben, verhindert oder nicht mehr in der Lage ist, zu handeln.

## 5. Der Kontrollbevollmächtigte

Grundsätzlich ist es Aufgabe des Vollmachtgebers, den Bevollmächtigten zu kontrollieren. Die Vorsorgevollmacht wird aber in aller Regel für den Fall erteilt, dass der Vollmachtgeber selbst nicht mehr in der Lage ist, von eigener Einsicht bestimmte Handlungen vorzunehmen. Er fällt somit als Kontrolleur weitgehend aus. Allerdings hat der Vollmachtgeber die Möglichkeit, dem Hauptbevollmächtigten einen Kontrollbevollmächtigten an die Seite zu stellen mit dem ausschließlichen Recht, die Tätigkeit des Hauptbevollmächtigten zu kontrollieren und die dem Hauptbevollmächtigten erteilte Vollmacht zu widerrufen, wenn dieser sich der Kontrolle zu entziehen versucht. Wenn Streit entsteht, ob die Geschäftsführung des Hauptbevollmächtigten richtig ist, kann der Kontrollbevollmächtigte Klage gegen den Hauptbevollmächtigten erheben, wenn der Vollmachtgeber dem Kontrollbevollmächtigten entsprechende Vollmacht erteilt hat.

Im Übrigen ist eine Kontrolle durch das Vormundschaftsgericht nicht von vornherein ausgeschlossen. Der Bevollmächtigte hat die Genehmigung des Vormundschaftsgerichts einzuholen, wenn er eine freiheitsentziehende Unterbringung oder unterbringungsähnliche Maßnahme veranlasst, ferner im Bereich der Gesundheitssorge, wenn der Bevollmächtigte in eine medizinische Maßnahme einwilligt und die Gefahr besteht, dass der Vollmachtgeber dadurch stirbt oder einen schweren oder länger dauernden gesundheitlichen Schaden erleidet. Ferner kommt in Betracht, dass das Vormundschaftsgericht einen Betreuer bestellt, wenn der Bevollmächtigte nichts tut.

Möglich ist aber auch, dass das Vormundschaftsgericht nur einen Kontrollbetreuer bestellt, also einen Betreuer mit dem Aufgabenkreis „Kontrolle des Bevollmächtigten". Voraussetzung für die Bestellung eines Kontrollbetreuers ist, dass konkreter Überwachungsbedarf oder der Verdacht des Missbrauchs besteht. Dies gilt auch dann, wenn der Bevollmächtigte, aus welchen Gründen auch immer, nicht in der Lage ist, seine Aufgaben ordnungsgemäß zu erfüllen. Der Kontrollbetreuer kann unter anderem

- Auskunft sowie eine geordnete Aufstellung der Einnahmen und Ausgaben verlangen,
- dem Hauptbevollmächtigten Anweisungen erteilen und bestimmte Geschäfte verbieten,
- Schadenersatzansprüche gegen den Bevollmächtigten geltend machen,
- Einsicht nehmen in alle Unterlagen, die mit der Vollmachtstätigkeit im Zusammenhang stehen.

# E. Der Grundvertrag: Klare Verhältnisse zwischen Vollmachtgeber und Bevollmächtigtem

Die dem Bevollmächtigten erteilte Vollmacht ist eine einseitige Erklärung. Der Vollmachtgeber überträgt seine ausschließlich ihm zustehenden Befugnisse ganz oder teilweise auf einen anderen, nämlich den Bevollmächtigten. Einseitig ist die Erklärung deshalb, weil der Bevollmächtigte an dieser Erklärung nicht mitwirkt. Er braucht sie auch nicht zu unterschreiben. Oftmals weiß der Bevollmächtigte lange Zeit überhaupt nicht, dass er Bevollmächtigter ist. Weil es sich um eine einseitige Erklärung handelt, kann der Bevollmächtigte die Vollmacht ignorieren und z. B. erklären, dass er nicht bereit sei, für den Vollmachtgeber tätig zu werden. In aller Regel ist jedoch der Vollmachtgeber gut beraten, sich mit dem Vollmachtnehmer abzustimmen und im Einzelnen zu klären, wie und wann der Bevollmächtigte was zu tun hat.

**Was sagt der Jurist:** Der Vollmachtgeber und der Vollmachtnehmer können in einem Vertrag die Details der Aufgaben des Bevollmächtigten regeln. Diese Vereinbarung nennt man Grundvertrag.

## I. Das Innen- und das Außenverhältnis

Der Bevollmächtigte ist bildlich gesprochen das Bindeglied zwischen Vollmachtgeber und den Personen, denen gegenüber der Bevollmächtigte handelt, z. B. der Bank, den Ärzten. Was der Bevollmächtigte nach außen tun darf, steht in der Vollmachtsurkunde. Diese Beziehung nennt man Außenverhältnis. Der Bevollmächtigte wird nämlich nicht gegenüber dem Vollmachtgeber tätig, sondern nach außen, also etwa den Banken gegenüber. Nach innen, das heißt im Verhältnis zwischen Bevollmächtigtem und Vollmachtgeber, ist maßgeblich der Grundvertrag. Das dort Geregelte gilt nur intern, also im Innenverhältnis.

*Beispiel: Der Bevollmächtigte hat eine Vollmacht erhalten über sämtliche Konten des Vollmachtgebers. Die Banken müssen deshalb unter Vorlage der Vollmachtsurkunde an den Bevollmächtigten Zahlungen leisten. Dies kann bis zur Auszahlung und Auflösung sämtlicher Kontoguthaben gehen. Im Innenverhältnis, das heißt im Grundvertrag, kann geregelt sein, dass die Abhebungen einen bestimmten Rahmen nicht überschreiten dürfen. Wenn sich der Bevollmächtigte daran nicht hält, macht er sich unter Umständen schadenersatzpflichtig. Man muss also unterscheiden zwischen dem, was der Bevollmächtigte tun kann, nämlich z. B. die Konten abräumen, und dem was er tun darf. Oder in der Bildsprache eines Autofahrers: Ich kann mit meinem Auto auch in der Stadt mit 120 km/h fahren. Ich darf aber nur 50 km/h fahren. Eine Überschreitung des Zulässigen ist nur in sehr engen und begründeten Ausnahmefällen zulässig. Sonst gibt es Ärger. Diese Ausnahmefälle sind im Grundvertrag zu regeln.*

## II. Der Aufgabenbereich

Der Aufgabenbereich des Bevollmächtigten ist in keinem Gesetz geregelt. Der Bevollmächtigte hat die Interessen des Vollmachtgebers zu vertreten und ihm Hilfestellung zu leisten. Dies gelingt um so besser, je präziser der Vollmachtgeber seine Erwartungen dem Bevollmächtigten mitgeteilt hat. Eine möglichst genaue Beschreibung der Erwartungen hat eine doppelte Funktion. Zum einen weiß der Bevollmächtigte, was von ihm erwartet wird und kann entscheiden, ob er den Erwartungen entsprechen kann oder will. Inhaltlich dürften die Vorstellungen des Vollmachtgebers und die Erwartungen an den Bevollmächtigten so verschieden sein wie die Menschen und ihre Lebensverhältnisse selbst. Gegenstand der Überlegung könnte sein:

- Der Vollmachtgeber möchte unter keinen Umständen seinen Kindern zumuten, ihn zu pflegen und wünscht deshalb definitiv die Beauftragung von Pflegekräften außerhalb seiner Familie.
- Der Vollmachtgeber möchte, so lange dies eben nur möglich ist, zu Hause in seiner Wohnung gepflegt werden.
- Die Zulässigkeit alternativer bzw. sanfter Medizin neben oder anstatt der Schulmedizin.
- Auch als altersbedingt verwirrte Person noch mit Würde behandelt zu werden, z. B. sich nicht von unbekannten Personen wie ein kleines Kind duzen zu lassen.
- Eventuelle seelsorgerliche Betreuung.
- Eventuelle künstlerische Betreuung, z. B. durch Maltherapien etc.
- Geldanlagegeschäfte nur mit Einverständnis des Bankberaters vorzunehmen.
- Kontoverfügungen in Höhe eines bestimmten Betrages alleine und darüber hinaus nur mit Zustimmung des Kontrollbevollmächtigten vorzunehmen.
- Über alle Einnahmen und Ausgaben Aufzeichnungen zu machen.
- Anstandsschenkungen für den Vollmachtgeber vorzunehmen, z. B. zu den üblichen Jahresfesten, Geburtstagen etc. Gleichzeitig könnte der Wert der Anstandsgeschenke der Höhe nach begrenzt werden.
- Unter Wahrung des Versorgungsinteresses des Übergebers schon lebzeitig Vermögen auf die vorgesehenen Erben/Kinder/Ehegatten zu übertragen, z. B. aus erbschaft- und schenkungsteuerlichen Gründen.

- Im Falle einer Abwesenheit des Hauptbevollmächtigten von länger als z. B. zehn Tagen, dem Kontrollbevollmächtigten Untervollmacht zu erteilen.
- Bestimmten Personen die Möglichkeit zu gewähren, z. B. einmal monatlich sich alle Einnahmen- und Ausgabenbelege vorlegen zu lassen.
- Die Berechtigung, das z. B. eigene Familienhaus oder die Eigentumswohnung zu verkaufen, wenn eine Unterbringung in der eigenen Immobilie aus medizinischer Sicht nicht mehr möglich ist.
- Eventuelle Schönheitsreparaturen und Instandhaltungsmaßnahmen an der eigenen Immobilie vorzunehmen.
- Einen Kredit aufzunehmen, falls die eigenen regelmäßigen Einkünfte und das eigene Vermögen nicht mehr ausreichen für die Kosten der Betreuung und Pflege. Eventuell käme in Betracht, die eigene Immobilie als Beleihungsgegenstand zur Verfügung zu stellen.

Je nach Gesundheitszustand, Vermögensverhältnissen, Hobbies, künstlerischen und kulturellen Interessen kommt eine Vielzahl weiterer Regelungen in Betracht. Andererseits ist zu warnen vor einem zu festen Regelungskorsett, welches dem Bevollmächtigten nur noch eine Abarbeitung seiner Aufgaben gestattet. Zu denken ist immer daran, dass sich die Lebensverhältnisse und Umstände ändern können und hierauf flexible Antworten, eventuell zusammen mit einem Kontrollbevollmächtigten oder Angehörigen des Vollmachtgebers gefunden werden müssen. In vielen Fällen, insbesondere unter Eheleuten, wird es genügen, dass der Vollmachtgeber nur seine Wünsche äußert, damit der Bevollmächtigte weiß, wie der Vollmachtgeber in einer bestimmten Situation vermutlich gehandelt haben würde.

### III. Die Pflicht zum Tätigwerden

Zunächst ist festzuhalten, dass der Vollmachtgeber auch nach Erteilung einer Vollmacht handlungsfähig bleibt. Mit anderen Worten: Es kann durchaus sein, dass der Vollmachtgeber weiterhin Handlungen vornimmt, die auch der Bevollmächtigte vornehmen darf. Dadurch kann es zu einer empfindlichen Störung des Verhältnisses zwischen Vollmachtgeber und Bevollmächtigem kommen, wenn z.B. der Bevollmächtigte zur Rechnungslegung verpflichtet ist, der Vollmachtgeber aber bei eigenen Handlungen keine Aufzeichnungen führt. Unter Umständen ist später nicht mehr feststellbar, wer wann was gemacht und veranlasst hat.

Es sollte deshalb unbedingt in den Grundvertrag mit aufgenommen werden, wann der Bevollmächtigte seine Tätigkeit zu beginnen hat, z. B. bei nachgewiesener Geschäftsunfähigkeit des Vollmachtgebers, wenn ansonsten ein staatlicher Betreuer bestellt worden wäre oder wenn der Vollmachtgeber dem Bevollmächtigten die Anweisung erteilt, tätig zu werden.

Grundsätzlich ist der Bevollmächtigte nicht verpflichtet, für den Vollmachtgeber tätig zu werden. Häufig weiß der Bevollmächtigte ja noch nicht einmal, dass ihm eine Vollmacht erteilt worden ist. Es kommt durchaus vor, dass der Vollmachtgeber die Vollmachtsurkunde bei seinen Unterlagen hat und dem Bevollmächtigten die Urkunde, z. B. von Angehörigen, erst ausgehändigt wird, wenn die Geschäftsunfähigkeit eingetreten ist. Niemand ist verpflichtet, aufgrund dieser Vollmacht tätig zu werden. Der Bevollmächtigte kann die Bevollmächtigung zurückweisen. Gibt der Bevollmächtigte allerdings zu erkennen, dass er tätig werden will, kommt ein Vertrag mit dem Vollmachtgeber zustande. Dass dieser Vertrag nicht mehr schriftlich geschlossen werden kann, liegt auf der Hand. Eine Vereinbarung zum Tätigwerden kann aber auch stillschweigend zustande kommen. Nach § 662 BGB oder § 675 BGB kommt entweder ein Auftragsverhältnis oder ein Geschäftsbesorgungsvertrag zustande. In beiden Fällen liegt ein vertragliches Rechtsverhältnis vor. Aufgrund dieses Rechtsverhältnisses ist der Bevollmächtigte verpflichtet, tätig zu werden. Verstößt der Bevollmächtigte gegen seine Pflichten, ist er gegenüber dem Vollmachtgeber in der Haftung und muss unter Umständen Schadenersatz leisten. Wenn der Vollmachtgeber nicht mehr erkennen kann, dass ihm ein Schaden zugefügt wurde, können die Erben des Vollmachtgebers den Schadenersatz verlangen.

**Was sagt der Jurist:** Haben Freunde, Nachbarn oder weitere Angehörige des Vollmachtgebers festgestellt, dass der Bevollmächtigte pflichtwidrig gehandelt hat, können sie nicht unmittelbar gegen den Bevollmächtigten vorgehen. Denkbar ist jedoch eine Benachrichtigung des Vormundschaftsgerichts mit dem Ziel, zumindest einen Kontrollbevollmächtigten zu bestellen, der – je nachdem was passiert ist – auch die Vollmacht widerrufen kann.

## IV. Die Bezahlung des Bevollmächtigten

In dem Grundvertrag ist ebenfalls zu regeln, ob der Bevollmächtigte eine Vergütung verlangen kann oder nicht. Wenn er eine Vergütung verlangen kann, wäre die Höhe zu regeln. Irgendwelche Vorgaben macht das Gesetz zur Höhe nicht. In Betracht kommt eine Stundenhonorarvereinbarung oder eine Vereinbarung nach dem Wert des Vermögens, wenn der Hauptaufwand für den Bevollmächtigten in der Vermögensverwaltung liegt. In derartigen Fällen wäre auch zu denken an eine entsprechende Anwendung der Vergütungsrichtlinien für die Testamentsvollstrecker. In Betracht kommen aber auch kombinierte Vergütungsvereinbarungen, also Bezahlung für die Tatigkeiten im gesundheitlichen Bereich auf Stundenhonorarbasis und im Vermögensbereich nach einem bestimmten Prozentsatz des Vermögens, ferner wäre auch an eine Pauschalhonorarvereinbarung zu denken, wenn die vom Bevollmächtigten zu erbringenden Leistungen überschaubar sind, ferner daran, dass der Bevollmächtigte genauso bezahlt wird wie ein vom Gericht bestellter Betreuer. Dabei ist aber zu bedenken, dass es sich bei den gerichtlich bestellten Betreuern häufig um Berufsbetreuer oder Rechtsanwälte handelt.

**Was sagt der Jurist:** Ist der Bevollmächtigte ein naher Angehöriger des Vollmachtgebers, z. B. der Ehegatte, wird man von einem reinen Gefälligkeitsverhältnis ausgehen können, d. h. der Bevollmächtigte hat nach § 662 BGB keinen Anspruch auf Vergütung für seine Tätigkeit. Wird ein Kind bevollmächtigt, dürfte regelmäßig von einem unentgeltlichen Tätigwerden auszugehen sein, insbesondere wenn die Aufgaben des Kindes überschaubar sind. Ist allerdings der Zeitaufwand für das Kind ganz erheblich, z. B. bei der Verwaltung von Immobilien, sollte unbedingt eine klarstellende Vereinbarung in einem Grundvertrag getroffen werden. Wenn der Grundvertrag insoweit keine Regelung enthält, kommt allerdings in Betracht, dass zwischen Vollmachtgeber und Bevollmächtigtem ein Geschäftsbesorgungsvertrag nach § 675 BGB zustande gekommen ist.

Der Geschäftsbesorgungsvertrag unterscheidet sich vom Auftrag im Wesentlichen dadurch, dass zum einen eine Vergütungspflicht besteht und zum anderen die Tätigkeit des Bevollmächtigten einen Vermögensbezug aufweisen muss. Über die Höhe der Vergütung kann es dann aber zum Streit kommen. Es ist ein Gebot der Vernunft, dass der Vollmachtgeber und der Bevollmächtigte die Frage der Vergütung nicht ausklammern – wie es leider sehr häufig geschieht. Allerdings sind auch hierbei die individuellen Verhältnisse immer zu berücksichtigen.

Ist der Bevollmächtigte das einzige Kind und der Alleinerbe, kann wohl schon eher ein unentgeltliches Tätigwerden erwartet werden. Andererseits kommt in Betracht, dass schon aus steuerlichen Gründen auch für die lebzeitige Tätigkeit eine Vergütungsregelung getroffen wird. Aufwendungen des Bevollmächtigten, z. B. Fahrtkosten, Telefonkosten, sind zu erstatten. Für den Zeitverlust gibt es keinen Aufwendungsersatz, weil Zeit gerade kein Geld ist, das man verauslagt hat.

## V. Die Auskunfts- und Rechnungslegungspflicht

Zunächst ist entscheidend, was im Grundvertrag zwischen Vollmachtgeber und Bevollmächtigtem dazu geregelt ist. Hat sich der Bevollmächtigte zur Auskunft und Rechnungslegung verpflichtet, muss er seinen Pflichten nachkommen, auch gegenüber den Erben des Vollmachtgebers. Anders sieht es aus, wenn Auskunfts- und Rechnungslegungspflichten nicht vereinbart wurden. Es stellt sich dann die Frage, ob der Bevollmächtigte nach dem Gesetz verpflichtet ist, Auskunft zu erteilen und/oder Rechnung zu legen. Die Pflicht zur Auskunftserteilung bedeutet, dass der Bevollmächtigte sein Wissen über seine Tätigkeit mitteilen muss. Es ist also eine reine Wissensmitteilung. Wer nur zur Auskunft verpflichtet ist, braucht also nur zu sagen, was er weiß und ist nicht verpflichtet, irgendwelche Belege vorzulegen. Ist der Bevollmächtigte dagegen zur Rechnungslegung verpflichtet, muss er alle Belege vorlegen, welche im Zusammenhang mit seiner Tätigkeit stehen, z. B. die Kontoauszüge, die Rechnungen für die Anschaffung bestimmter Gegenstände etc. Häufig sind aber familiäre Bindungen oder eine Freundschaft zum Vollmachtgeber der Grund für die Bereitschaft, als Bevollmächtigter tätig zu werden. Der oben angesprochene Grundvertrag ist leider die Ausnahme. Die Bevollmächtigten haben sehr häufig nicht das Bewusstsein von einem rechtlich bindenden und förmlichen Auftragsverhältnis. Sie gehen in aller Regel von einem solchen Rechtsverhältnis gar nicht erst aus, sondern erbringen aus einem Geist der Freundschaft und der familiären Verbundenheit ihre Leistungen. Damit korrespondiert, dass sie regelmäßig keine Vergütung für ihre Tätigkeit erhalten.

In solchen Fällen ist der Bevollmächtigte nicht zur Auskunft verpflichtet, insbesondere dann nicht, wenn eine auf Jahre zurückgreifende Auskunft und Rechenschaft, z. B. von den Erben verlangt wird und diese keine begründeten Zweifel für ein unredliches Verhalten des Bevollmächtigten vorbringen können. Dies gilt erst recht, wenn der Vollmachtgeber nicht geschäftsunfähig war und in der Vergangenheit niemals Auskunft bzw. Rechnungslegung verlangt hat. Zwar steht in § 666 BGB, dass der Beauftragte zur Auskunft und Rechnungslegung verpflichtet ist, aber die Rechtsprechung geht davon aus, dass in dem vorgeschilderten Standardfall ein stillschweigender Verzicht des Vollmachtgebers auf eine solche Auskunfts- und Rechnungslegungspflicht vorliegt.

**Was sagt der Jurist:** Auskunft und Rechnungslegung können nur verlangt werden, wenn konkrete Verdachtsmomente für ein unredliches Handeln des Bevollmächtigten vorliegen. Die Hürden für ein Auskunfts- und Rechnungslegungsverlangen sind also ziemlich hoch, wenn nicht in einem Grundvertrag etwas anderes klipp und klar vereinbart worden ist.

## VI. Die Beendigung des Vertrages

Der Vertrag endet zu dem im Vertrag angegebenen Zeitpunkt. Hat sich der Bevollmächtigte ein Kündigungsrecht vorbehalten, endet der Vertrag mit Zugang der Kündigung. Ist eine Kündigungsfrist vereinbart worden, ist diese selbstverständlich einzuhalten. In Betracht kommt weiter, dass der Vertrag mit dem Tod des Vollmachtgebers endet. Nicht unüblich sind aber auch Regelungen, wonach der Bevollmächtigte über den Tod des Vollmachtgebers hinaus Vollmacht erhält, sogenannte transmortale Vollmacht, z. B. für die Organisierung der Beerdigung, der Trauerfeier, der Grabpflege oder auch der ordnungsgemäßen Übergabe des Nachlasses an die Erben. Dabei ist klarzustellen, ob der Bevollmächtigte dann als Bevollmächtigter der Erben handeln soll oder als Testamentsvollstrecker. Grundsätzlich ist es nämlich Aufgabe des Testamentsvollstreckers, den Nachlass abzuwickeln und den Erben zu übergeben. Dies gilt zumindest für den Fall, dass nach dem Willen des Erblassers andere Personen als der/die Erben die Nachlassabwicklung vornehmen sollen.

## VII. Muster eines Grundvertrages

*Grundvertrag zwischen ... (Vollmachtgeber) und ... (Bevollmächtigter)*

*Der Vollmachtgeber hat dem Bevollmächtigten mit Urkunde vom ... Vorsorgevollmacht erteilt. Eine Ablichtung dieser Vollmacht ist diesem Vertrag als Anlage 1 beigefügt. Danach darf der Bevollmächtigte für den Vollmachtgeber nur handeln, wenn dieser geschäftsunfähig oder aus sonstigen Gründen, z. B. wegen körperlicher Gebrechen, nicht mehr handlungsfähig ist. Untereinander, also im Innenverhältnis, vereinbaren Vollmachtgeber und Bevollmächtigter Folgendes:*

*1. Auswahl des Pflegepersonals*
*Im Falle meiner Pflege hat der Bevollmächtigte sorgfältig das Pflegepersonal auszuwählen. Ich möchte meinen Kindern unter keinen Umständen zur Last fallen und wünsche Betreuung und Pflege durch institutionelle Einrichtungen, z. B. Diakonie, Caritas, etc. Die Pflege soll zu Hause durchgeführt werden, solange dies nur möglich ist.*

*2. Beibehaltung meiner Lebensgewohnheiten*
*Im Falle meiner außerhäuslichen Unterbringung wünsche ich eine Fortsetzung meiner häuslichen Lebensgewohnheiten, soweit dies eben nur möglich ist. Dazu gehört u. a., dass ich keine Musikberieselung wünsche und auch nicht vor dem Fernseher abgestellt werden möchte. Meine Musikwünsche und meine Fernsehgewohnheiten möchte ich selbst bestimmen. Wenn ich hierzu nicht*

*mehr in der Lage bin, sollen Dritte darüber nicht bestimmen dürfen. Ich lehne dann den „Genuss" derartiger Medien ab. Allenfalls in Anwesenheit meiner Tochter A., welche meine Musikwünsche bestens kennt, kann von ihr ausgesuchte Musik gespielt werden.*

*3. Künstlerische Betätigung*
*Auch im Falle meiner Geschäftsunfähigkeit möchte ich mich künstlerisch betätigen, insbesondere Malen und Plastizieren. Solange ich erkennbar Interesse und Freude daran habe, soll mir diese Betätigung gewährt werden.*

*4. Wertpapierkonto*
*Ich habe ein Wertpapierkonto bei der X-Bank. Der Bevollmächtigte soll eine Umschichtung der Wertpapiere nur nach Rücksprache mit einem Bankberater vornehmen, wenn möglich mit Herrn ... Ein Verkauf der Wertpapiere ist nur zulässig, wenn der Bankberater einen Verkauf empfiehlt und vom Verkaufserlös wieder neue Wertpapiere erworben werden. Ansonsten ist ein Verkauf nur zulässig, wenn meine eigenen liquiden Mittel, insbesondere die Guthaben auf den beiden Konten X und Y, verbraucht sind. Der Kontrollbevollmächtigte hat jedoch zuzustimmen.*

*5. Geschenke*
*a) Meinen Kindern/Schwiegerkindern und Enkelkindern soll zu Weihnachten und zum Geburtstag jeweils ein Geschenk gemacht werden. Diese hat der Bevollmächtigte auszuwählen. Der Wert eines jeden einzelnen Geschenkes soll 300 Euro nicht übersteigen.*

*b) Mein inzwischen verstorbener Freund Alfred S. hat einen behinderten Sohn. Solange dieser lebt, soll er jährlich Zuwendungen im Werte bis 3.000 Euro erhalten. Die Zuwendungen sollen so ausgesucht werden, dass das Sozialamt keinen Zugriff darauf hat, z. B. Zuschüsse für eine neue Brille, für eine Zahnbehandlung, für eine Urlaubsreise, etc.*

*6. Buchführung*
*Der Bevollmächtigte hat über alle Einnahmen und Ausgaben Buch zu führen. Der nachbenannte Kontrollbevollmächtigte hat jederzeit einen Auskunfts- und Rechnungslegungsanspruch.*

*7. Abwesenheit des Bevollmächtigten*
*Wenn der Bevollmächtigte länger als zwei Wochen ortsabwesend ist, hat er*

*dem Kontrollbevollmächtigten Vollmacht in dem Umfang zu erteilen, wie der Bevollmächtigte selbst Vollmacht hat. Zu diesem Zweck ist dem Hilfsbevollmächtigten neben der Untervollmacht noch die Ausfertigung der Vollmachtsurkunde des Bevollmächtigten selbst auszuhändigen.*

*8. Kontrollbevollmächtigter*
*Zu meinem Kontrollbevollmächtigten bestelle ich Herrn ... Dieser erklärt sich bereit, die Aufgabe als Kontrollbevollmächtigter zu übernehmen. Für den Fall, dass der Kontrollbevollmächtigte seine Aufgaben aus persönlichen Gründen nicht mehr wahrnehmen kann oder will oder aus sonstigen Gründen verhindert ist, darf er einen Nachfolger bestellen. Weiter hilfsweise soll das Vormundschaftsgericht einen Kontrollbetreuer bestellen.*

*9. Aufgaben des Kontrollbevollmächtigten*
*Die Aufgaben des Kontrollbevollmächtigten sind:*

- *das Auskunfts- und Rechnungslegungsrecht gegenüber dem Bevollmächtigten auszuüben.*
- *Zuzustimmen:*
  - *Bei der Veräußerung von Wertpapieren, wenn der Verkaufserlös nicht wieder angelegt werden soll.*
  - *Bei Kontoverfügungen über einem Betrag von 4.000 Euro je Kalendermonat.*
  - *Bei der Veräußerung meiner drei Eigentumswohnungen, eingetragen im Grundbuch von ... Die Veräußerung der Eigentumswohnungen kann jederzeit erfolgen und unabhängig davon, ob noch liquide Mittel vorhanden sind oder nicht. Der Verkaufspreis sollte jedoch dem jeweiligen ca.-Verkehrswert der Wohnung entsprechen. Der Kaufpreis ist sodann nach Rücksprache mit meinem Bankberater anzulegen. Vor dem Verkauf ist ein Verkehrswertgutachten einzuholen.*
  - *Rechtsgeschäfte, die der Zustimmung des Kontrollbevollmächtigten bedürfen, darf der Bevollmächtigte erst durchführen, wenn die Zustimmung schriftlich vorliegt.*

*10. Instandhaltung meines Wohnhauses*
*Solange ich in meinem Haus in ... (Anschrift) lebe, ist dieses innen und außen in einem gut gepflegten Zustand zu erhalten, einschließlich der üblichen Schönheitsreparaturen. Aufwendungen für dieses Haus über 2.000 Euro im Einzelfall bedürfen der Zustimmung des Kontrollbevollmächtigten.*

*11. Vergütung*

*a) Der Bevollmächtigte erhält eine Vergütung i. H. v. 30 Euro/Stunde. Über die aufgewendeten Stunden einschließlich Fahrzeiten hat er Buch zu führen und stichwortartig seine Tätigkeiten und den jeweiligen Zeitaufwand anzugeben.*

*b) Der Kontrollbevollmächtigte erhält eine Jahrespauschalvergütung von 1.500 Euro. Ferner sind dem Bevollmächtigten/Unterbevollmächtigten die nachgewiesenen Auslagen, z. B. Benzinkosten etc., zu erhalten.*

*12. Kündigung*
*Der Vollmachtgeber darf diesen Grundvertrag jederzeit ohne Angabe von Gründen kündigen. Dem Bevollmächtigten ist eine Kündigung nur gestattet, wenn ein wichtiger Grund vorliegt.*

*13. Vertragsdauer*
*Dieser Grundvertrag endet mit dem Tode des Vollmachtgebers oder mit dem Tode des Bevollmächtigten. Im Übrigen wird klargestellt, dass der Vertrag auch dann weiter gilt, wenn der Vollmachtgeber geschäftsunfähig geworden ist.*

*Berlin, den ...*

.......................... .......................... ..........................
*(Vollmachtgeber)* *(Bevollmächtigter)* *(Kontrollbevollmächtigter)*

## VIII. Der Vollmachtsmissbrauch

Es wurde bereits erwähnt, dass der Vollmachtgeber dem Bevollmächtigten im Innenverhältnis, in einem sogenannten Grundvertrag, Vorgaben machen kann. An diese hat sich der Bevollmächtigte zu halten. Die Vollmacht gilt in aller Regel weit über das hinaus, was im Grundvertrag geregelt wurde, insbesondere, wenn eine Generalvollmacht erteilt wurde. Dass Grundvertrag und Vollmacht inhaltlich nicht übereinstimmen, hängt damit zusammen, dass der Bevollmächtigte möglichst flexibel handeln können soll, da nicht alle Lebenssituationen vorhersehbar sind. Mache ich die nach außen vorzulegende Vollmacht von allen möglichen Bedingungen abhängig, so muss der Bevollmächtigte immer den Eintritt der Bedingung nachweisen, was zum Teil nur sehr schwer oder nur mit hohem Aufwand möglich ist.

**Was sagt der Jurist:** Im Verhältnis zum Vollmachtgeber hat der Bevollmächtigte jedoch immer die Regeln im Innenverhältnis, d. h. im Grundvertrag, sei dieser schriftlich oder mündlich geschlossen, zu beachten. Hat der Bevollmächtigte Generalvollmacht und einen Geldbetrag über 10.000 Euro abgehoben, obwohl er durch Vereinbarung mit dem Vollmachtgeber ohne Zustimmung des Kontrollbevollmächtigten nur 3.000 Euro abheben durfte, liegt ein klarer Fall von Vollmachtsmissbrauch vor.

Ein absoluter Schutz gegen einen Vollmachtsmissbrauch ist nicht möglich. Allerdings macht sich der Bevollmächtigte schadenersatzpflichtig, wenn er in Überschreitung seiner im Grundvertrag geregelten Befugnisse tätig wird. Er macht sich unter Umständen sogar strafbar wegen Unterschlagung oder Veruntreuung. Auf jeden Fall ist ein Vollmachtsmissbrauch ein Kündigungsgrund. Durch Einsetzung eines Kontrollbetreuers oder eines zweiten Bevollmächtigten lässt sich jedoch das Risiko des Vollmachtsmissbrauchs erheblich reduzieren. Freilich kann auch dann nicht ausgeschlossen werden, dass z. B. zwei Bevollmächtigte oder Bevollmächtigter und Kontrollbevollmächtigter ihre Befugnisse überschreiten. Allerdings hat sich die alte Weisheit, dass Vertrauen gut, aber Kontrolle besser ist, oft im Leben bestätigt. Es ist eine Tatsache, dass die Missbrauchsfälle bei Einzelbevollmächtigten signifikant höher sind als bei den Bevollmächtigten, die nur gemeinsam oder kontrolliert handeln können. Wenn irgendwelche Zweifel an der Person des Bevollmächtigten bestehen, sollte zum einen keine Generalvollmacht erteilt werden und zum anderen die Einsetzung eines Kontrollbetreuers durch das Vormundschaftsgericht erwogen werden.

**Was sagt der Jurist:** Eine Bevollmächtigung nur aus dem Bauch heraus kann genauso verkehrt sein wie ein aus purem Misstrauen entstandener überregulierender Grundvertrag. Über eines sollte aber immer Gewissheit bestehen: Eine Vollmacht, die man nicht missbrauchen kann, ist nicht praktikabel, eine praktikable Vollmacht ist immer mit einem Missbrauchsrisiko behaftet. Große Schäden lassen sich aber erfahrungsgemäß begrenzen, wenn die in diesem Buch dargestellten Gestaltungsmöglichkeiten genutzt werden, insbesondere durch die Möglichkeit, mehrere Bevollmächtigte für größere Rechtsgeschäfte zu bestellen oder durch das Instrumentarium der Kontrollbevollmächtigung.

# F.  Formalien der Vorsorgevollmacht

## I.  Ist eine notarielle Beurkundung der Vollmacht erforderlich?

Eine notarielle Beurkundung der Vollmacht und des Grundvertrages ist grundsätzlich nicht erforderlich. Allerdings werden notarielle Vollmachten für

Grundstücksgeschäfte benötigt. Auch wird die Bank in aller Regel Kontoverfügungen ohne Vorlage einer notariellen Vollmacht nicht akzeptieren. Etwas anderes gilt dann, wenn der Vollmachtgeber den Bevollmächtigten bereits eine bankinterne Vollmacht erteilt hat. Bei den notariellen Vollmachten ist die notariell beglaubigte Vollmacht und die notariell beurkundete Vollmacht zu unterscheiden. Regelmäßig reicht die notariell beglaubigte Vollmacht aus. Bei dieser Vollmacht wird lediglich die Echtheit der Unterschrift bestätigt. Der Inhalt dieser Vollmacht wird vom Notar nicht überprüft.

**Was sagt der Jurist:** Die notariell beglaubigte Vollmacht ist zwar preiswerter, aber es besteht die Gefahr, dass sie wegen ihrer laienhaften Formulierung in der Praxis nicht eingesetzt werden kann. Bei der notariell beurkundeten Vollmacht muss der Notar ausführliche Gespräche mit dem Vollmachtgeber führen, seinen Willen feststellen und den Vollmachtgeber über die rechtliche Tragweite der Vollmacht belehren. Der Notar ist verantwortlich für eindeutige und wirksame Formulierungen. Diese Vollmachten haben somit die größere Richtigkeitsgewähr.

Ferner sollte die Empfehlung beachtet werden, dass ein Grundvertrag und eine Vorsorgevollmacht nicht gemeinsam beurkundet werden. Zum einen sind im Grundvertrag häufig Angelegenheiten geregelt, die einen Außenstehenden wirklich nichts angehen und zum anderen erhält derjenige, dem die Vollmacht vorgelegt wird, den Grundvertrag zur Kenntnis und damit auch Kenntnis von den Beschränkungen. Im Einzelfall mag diese Kenntnis nützlich sein, in aller Regel schadet sie jedoch, weil der Grundvertrag letztlich nichts anderes darstellt als eine Sammlung der Bedingungen, unter denen die Vollmacht erteilt worden ist. Derjenige, demgegenüber ein Rechtsgeschäft getätigt werden soll, hat also durchgehend zu prüfen, ob alle Bedingungen eingehalten wurden, z. B. ob der Vollmachtgeber geschäftsunfähig ist oder nicht etc.

## II.   Die Aufbewahrung der Vollmacht

Es gibt keine Regelungen über die Aufbewahrung oder Hinterlegung der Vollmachtsurkunde. Grundsätzlich ist es dem Vollmachtgeber anheim gestellt, ob er die Vollmachtsurkunde dem Bevollmächtigten sofort aushändigt oder ob er diese noch zurückbehält und nur Regelungen für den Fall trifft, dass im Falle seiner Geschäftsunfähigkeit dem Bevollmächtigten die Urkunde ausgehändigt werden soll. Diese Handhabung ist in aller Regel zu empfehlen. Allerdings muss auch sichergestellt werden, dass „im Falle X" die Vollmacht zur Verfügung steht, und zwar im Original. Bei einer notariellen Urkunde muss eine Ausfertigung der Urkunde vorgelegt werden (die Ausfertigung einer notariellen Urkunde ersetzt das Original).

Sollte ein Betreuungsverfahren eingeleitet werden, hat der Bevollmächtigte eine Kopie der Vollmacht beim Vormundschaftsgericht einzureichen. In den Ländern Bayern, Bremen, Saarland und Niedersachsen kann eine Kopie der Vorsorgevollmacht beim zuständigen Vormundschaftsgericht hinterlegt werden. In Baden-Württemberg und Berlin ist zwar eine Hinterlegung zulässig, die Annahme durch das Gericht jedoch in das jeweilige Ermessen des Gerichtes gestellt. In den anderen Bundesländern gibt es keine Hinterlegungsvorschriften.

**Was sagt der Jurist:** Bei der Bundesnotarkammer (www.bnotk.de/Bundesnotarkammer) ist ein zentrales Vorsorgeregister eingerichtet worden. Dort können Vorsorgevollmachten registriert werden, und zwar sowohl privat errichtete als auch notariell errichtete Vorsorgevollmachten. Eintragungsanträge können unter der genannten Adresse angefordert werden. Im Übrigen können derartige Anträge auch im Internet unter www.Vorsorgeregister.de aufgerufen werden.

## G. Das Erlöschen der Vollmacht

Die einmal erteilte Vorsorgevollmacht kann aus mehreren Gründen erlöschen.

### I. Das Erlöschen der Vollmacht durch Widerruf

Der Vollmachtgeber kann eine erteilte Vollmacht jederzeit widerrufen, auch wenn im Grundvertrag etwas anderes steht. Allerdings muss der Vollmachtgeber bei Abgabe der Widerrufserklärung noch geschäftsfähig sein. Auch sind beim Widerruf der Vollmacht die Folgen zu beachten, nämlich dass unter Umständen das Vormundschaftsgericht einen Betreuer einsetzt, wenn ein neuer Bevollmächtigter nicht mehr bestellt werden kann. Allenfalls in wenigen Ausnahmefällen, z. B. bei einer erteilten Spezialvollmacht, kann die Vollmacht als unwiderruflich vereinbart werden, aber auch dann ist der Widerruf der Vollmacht aus wichtigem Grund zulässig.

**Was sagt der Jurist:** Die Vorsorgevollmacht als solche kann stets nur widerruflich vereinbart werden.

Die Widerrufserklärung ist dem Bevollmächtigten zuzustellen. Sie wird erst mit Zugang beim Bevollmächtigten wirksam. Wenn der Aufenthaltsort des Bevollmächtigten nicht bekannt ist, muss die Vollmachtsurkunde nach § 176 BGB für kraftlos erklärt werden. Auf jeden Fall sollte beim Widerruf der Vollmacht die Vollmachtsurkunde zurückgefordert werden, damit nicht der Bevollmächtigte unter Vorlage der Vollmacht weiterhin Rechtsgeschäfte tätigen kann. Diese Rechtsgeschäfte sind leider für den Vollmachtgeber auch bindend, jedenfalls wenn die Person, der die Vollmacht vorgelegt wurde, keine Kenntnis vom Widerruf hatte. Allerdings hat der Vollmachtgeber unter diesen Umständen einen Schadenersatzanspruch gegen den Bevollmächtigten. Ob dieser allerdings mit Erfolg durchgesetzt werden kann, ist eine andere Sache.

Auch sollte vorsorglich allen denkbaren Personen und Institutionen, denen die Vollmacht eventuell vorgelegt wird, z. B. den Banken, wo die Konten geführt werden, der Widerruf mitgeteilt werden. Diese haben dann Kenntnis vom Widerruf der Vollmacht und dürfen z. B. Kontoabhebungen nicht mehr zulassen. Eine eventuelle Scheckkarte sollte unverzüglich gesperrt werden. Ein eventueller Widerruf der Vollmacht sollte auch dem zentralen Vorsorgeregister mitgeteilt werden, falls dort die widerrufene Vollmacht registriert ist. Weitere Widerrufsgründe können sich aus dem Grundvertrag ergeben.

So könnte z. B. im Grundvertrag geregelt werden, dass ein Kontrollbevollmächtigter berechtigt ist, die Vollmacht zu widerrufen. Diese Widerrufsermächtigung kann sinnvoll sein, wenn der Vollmachtgeber inzwischen geschäftsunfähig geworden ist und deshalb den Widerruf nicht mehr erklären kann. In Betracht kommt auch, dass das Vormundschaftsgericht einen Kontrollbetreuer bestellt, mit der Befugnis, die Vollmacht zu widerrufen, wenn der Bevollmächtigte selbst geschäftsunfähig geworden ist. Von der Möglichkeit, einen entsprechenden Antrag beim Vormundschaftsgericht zu stellen, sollte immer dann Gebrauch gemacht werden, wenn der Vollmachtgeber geschäftsunfähig ist und sonst keine Person vorhanden ist, welche die Vollmacht widerrufen könnte. Allerdings wären gegenüber dem Vormundschaftsgericht immer auch die Gründe für die Notwendigkeit des Widerrufs der Vollmacht anzugeben.

## II.  Das Erlöschen der Vollmacht durch Zeitablauf

In der Vollmachtsurkunde selbst, aber auch im Grundvertrag, kann der Zeitpunkt des Erlöschens der Vollmacht geregelt werden, z. B. für den Fall, dass eine Betreuung zu Hause nicht mehr möglich ist. In aller Regel dürfte eine derartige Zeitbestimmung aber eher selten vereinbart werden, weil im Beispielsfall vormundschaftsgerichtlich wieder eine Betreuung angeordnet werden müsste.

### III. Das Erlöschen der Vollmacht durch Geschäftsunfähigkeit

Das Erlöschen der Vollmacht kann auch für den Fall der Geschäftsunfähigkeit vereinbart werden. Allerdings ist der Eventualfall der Geschäftsunfähigkeit des Vollmachtgebers in aller Regel der Grund für die Bevollmächtigung. Solange der Vollmachtgeber noch eigene Erklärungen abgeben kann, ist eine Bevollmächtigung nicht unbedingt erforderlich. Es ist geradezu der Sinn der Vorsorgevollmacht, dass diese dann greift, wenn der Vollmachtgeber eigene Erklärungen nicht mehr abgeben kann. Denkbar ist aber auch die Geschäftsunfähigkeit des Bevollmächtigten. Häufiger kommt dies dann vor, wenn sich betagte Eheleute gegenseitig Vorsorgevollmacht erteilt haben. Der Bevollmächtigte kann wirksame Handlungen nicht mehr vornehmen, weshalb die Vollmacht nach ständiger Rechtsprechung erlischt. Dies gilt aber nicht, wenn der Bevollmächtigte noch eingeschränkt geschäftsfähig ist.

### IV. Das Erlöschen der Vollmacht durch Tod

Ob durch den Tod des Vollmachtgebers die Vollmacht erlischt, hängt in erster Linie von seinem Willen ab. Wenn der Vollmachtgeber in der Vollmachtsurkunde oder im Grundvertrag einen Beendigungszeitpunkt bestimmt hat, ist dieser maßgeblich. Die Vollmacht gilt dann unter Umständen auch über den Tod hinaus. Ist eine Regelung nicht getroffen worden, gilt die Vorsorgevollmacht im Zweifel mit dem Tode des Vollmachtgebers als erloschen. Ist allerdings die Vollmacht über den Tod des Vollmachtgebers hinaus erteilt worden, dann handelt der Bevollmächtigte nur noch für dessen Erben. Diese haben jedoch die Möglichkeit, die Vollmacht zu widerrufen, es sei denn, dass etwas anderes zwischen Vollmachtgeber und Bevollmächtigtem vereinbart wurde, z. B. Einhaltung der Kündigungsfristen etc. Sind mehrere Erben vorhanden, gilt der Widerruf eines Erben nicht für die anderen Erben. Diese werden also weiter durch den Bevollmächtigten vertreten.

Die Vollmacht erlischt ebenfalls durch den Tod des Bevollmächtigten selbst. Grundsätzlich treten dessen Erben nicht in die Rechtsstellung des Bevollmächtigten ein. Die Vollmacht erlischt. Der oder die Erben haben jedoch den Tod des Bevollmächtigten nach § 673 BGB anzuzeigen und die Geschäfte für den Vollmachtgeber fortzusetzen, bis dieser eine Neuregelung trifft. In aller Regel wird das Vormundschaftsgericht dann einen Betreuer bestellen, wenn nichts anderes zwischen Vollmachtgeber und Bevollmächtigtem vereinbart wurde. Im Einzelfall kann aber eine Auslegung ergeben, dass die Erben Ersatzbevollmächtigte sein sollen, insbesondere wenn zwischen Vollmachtgeber und den Erben des Bevollmächtigten ein besonderes Nähe- und Vertrauensverhältnis bestand.

# 3. Teil: Die Betreuungsverfügung

## A. Was ist eine Betreuungsverfügung?

Ein Erwachsener erhält einen Betreuer, wenn er nicht mehr in der Lage ist, seine eigenen Angelegenheiten zu regeln, z. B. aufgrund einer körperlichen, seelischen oder geistigen Behinderung. Der später eventuell zu betreuenden Person ist die Möglichkeit gegeben, in einer Betreuungsverfügung Personenvorschläge zur Auswahl des Betreuers zu machen. Ferner sind Vorgaben zu machen, an die sich der Betreuer im Rahmen seiner Betreuungstätigkeit halten soll. Mit der Betreuungsverfügung wird also die Möglichkeit eröffnet, auf den Betreuer einzuwirken, wenn denn eine Betreuung angeordnet werden muss und die zu betreuende Person niemanden kennt, dem sie eine Vorsorgevollmacht erteilen könnte. Die Möglichkeit, eine Betreuungsverfügung zu errichten, ist Ausfluss seines Selbstbestimmungsrechts. Die Wünsche der eventuell zu betreuenden Person haben Vorrang vor allen Entscheidungen des Betreuers oder des Vormundschaftsgerichts. Dies natürlich nur insoweit, als dadurch nicht eine Betreuung unmöglich oder völlig unnötig erschwert wird.

**Was sagt der Jurist:** Zu beachten ist, dass die Betreuerbestellung ihren Sinn darin hat, die zu betreuende Person zu schützen und ihr zu helfen, z. B. schützen vor Personen, die ihre Geschäfts- und Handlungsfähigkeit ausnutzen. Mit einer Betreuungsverfügung bekommt der Betreuer etwas an die Hand, um sich an den Wünschen und Lebensvorstellungen der zu betreuenden Person orientieren zu können, da die zu betreuende Person dem Betreuer vor seiner Bestellung häufig nicht oder nur sehr vage bekannt ist.

## B. Der Inhalt der Betreuungsverfügung

### I. Was kann in einer Betreuungsverfügung geregelt werden?

Sehr häufig wird das Vormundschaftsgericht bemüht sein, Angehörige zu finden, die die Betreuung übernehmen. Wenn dies nicht möglich ist, wird eine andere Person, z. B. ein Berufsbetreuer, bestellt werden. In der Betreuungsverfügung hat die zu betreuende Person die Möglichkeit, die Person, die zum Betreuer bestellt werden soll, vorzuschlagen. Sie kann aber auch erklären, dass bestimmte Personen nicht zum Betreuer bestellt werden dürfen. Ferner können Wünsche geäußert werden zu Art und Weise der Betreuung. Ferner können

Wünsche zur Höhe der Vergütung des nicht berufsmäßigen Betreuers geäußert werden (beim Berufsbetreuer ist die Vergütung gesetzlich geregelt).

Ferner können Vorgaben zum Betreuungsverfahren gemacht werden, z. B. Beteiligung bestimmter Personen am Verfahren, aber auch die Beteiligung bestimmter Personen zu untersagen. Weiter kommt in Betracht, dass bestimmte Heimvorschläge unterbreitet werden.

**Was sagt der Jurist:** Bei allen Vorschlägen ist aber zu beachten, dass das Wohl des Betreuten im Vordergrund steht. Unter Umständen darf deshalb der Betreuer von den ihm gemachten Vorschlägen abweichen.

## II. Der Unterschied zwischen Betreuungsverfügung und Vorsorgevollmacht

Der entscheidende Unterschied zwischen Betreuungsverfügung und Vorsorgevollmacht liegt darin, dass die zu betreuende Person definitiv einen vormundschaftsgerichtlich bestellten Betreuer erhält, wenn der Betreuungsfall eintritt. Dieser hat allerdings bestimmte Vorgaben der zu betreuenden Person zu beachten. Bei der Vorsorgevollmacht hat gerade eine Betreuerbestellung zu unterbleiben, denn der Vollmachtgeber hat sich eine Person ausgesucht, die sich anstelle des Betreuers um ihn kümmern soll. Im Regelfall hat in derartigen Fällen eine Betreuerbestellung zu unterbleiben.

## III. Die mit der Vorsorgevollmacht kombinierte Betreuungsverfügung

Es kommt in Betracht, dass Vorsorgevollmacht und Betreuungsverfügung miteinander kombiniert werden. So könnte zum Beispiel der Vollmachtgeber Vorsorgevollmacht erteilen für den gesamten gesundheitlichen Bereich und im Vermögensbereich eine Betreuerbestellung wünschen und dem Betreuer auch Anweisungen für die Art und Weise der Vermögensverwaltung geben. Sie müssen natürlich sachdienlich und umsetzbar sein. Grund für eine derartige Kombination könnte sein, dass die zu betreuende Person nur jemanden kennt, der sich bereit erklart hat, sich nur um den gesundheitlichen Bereich zu kümmern.

Eine Betreuung im Vermögensbereich ist dann unumgänglich. Wenigstens hat die zu betreuende Person für diesen Fall dann ihr wichtige Anweisungen erteilt. Grund kann aber auch sein, dass die zu betreuende Person sich nicht ganz sicher ist, dass eine Bevollmächtigung im Vermögensbereich eine gute Entscheidung wäre.

**Was sagt der Jurist:** Da der Betreuer rechenschaftspflichtig ist, ist eine Betreuerbestellung im Vermögensbereich unter Umständen das kleinere Übel. Denkbar ist natürlich auch der umgekehrte Fall, dass jemand bereit ist, die Vollmacht für den Vermögensbereich anzunehmen, nicht jedoch für den gesamten gesundheitlichen Bereich.

### IV. Wann erlischt die Betreuungsverfügung?

Die Befugnisse des Betreuers enden mit Aufhebung der Betreuung durch das Gericht oder der Entlassung des Betreuers. Dem Betreuten steht ein Widerrufsrecht nicht zu. Solange der Betreute aber noch geschäftsfähig ist, kann er selbstverständlich frühere Verfügungen aufheben und neue Betreuungsverfügungen errichten oder alte Verfügungen abändern.

## C. Die Auswahl des Betreuers

Hierzu ist zunächst zu verweisen auf das Kapitel „Die Auswahl des Bevollmächtigten". Auch bei dem Vorschlag zur Auswahl des Betreuers steht die Seriosität dieser Person absolut im Vordergrund. Auch vom Vormundschaftsgericht bestellte Betreuer können Unregelmäßigkeiten begehen. Andererseits gilt es zu beachten, dass Betreuer eine Abrechnungspflicht haben und Berufsbetreuer sich die wirtschaftliche Existenz wegziehen, wenn sich nicht nur das Vormundschaftsgericht, sondern auch der Staatsanwalt für ihre Tätigkeiten interessiert.

### I. Angehörige als Betreuer?

In einer Betreuungsverfügung können selbstverständlich Angehörige als Betreuer vorgeschlagen werden. Dies macht häufig auch deshalb Sinn, weil die Angehörigen die zu betreuende Person besser kennen und eher in der Lage sind, Lösungen zu finden, die den gegebenenfalls mutmaßlichen Wünschen der zu betreuenden Person entsprechen. Allerdings kann auch bei Angehörigen nicht ausgeschlossen werden, dass es zu Unregelmäßigkeiten kommt.

Denkbar sind auch jene Fälle, wo Angehörige eine optimale und gegebenenfalls sehr teure Pflege zu vermeiden versuchen, weil sich dadurch der Wert der Erbschaft reduziert. Auch werden bisweilen Angehörige nur aus Unkenntnis als Betreuer vorgeschlagen. Die Unkenntnis liegt darin, dass sie die Möglichkeit einer Bevollmächtigung mittels einer Vorsorgevollmacht nicht kennen.

**Was sagt der Jurist:** Den Vorschlag einer Betreuerbestellung sollte man also nur unterbreiten, wenn es gute Gründe gibt, eine Vorsorgevollmacht nicht zu erteilen.

## II. Fremde als Betreuer?

Viele Personen leben isoliert. Die Erteilung einer Vorsorgevollmacht kommt also nicht in Betracht, weil sie eine geeignete Person nicht kennen. Wenigstens können sie eine Betreuungsverfügung errichten und dem für sie fremden Betreuer ihre Wünsche zur Art und Weise der Betreuung mitteilen. Das Vormundschaftsgericht wird in derartigen Fällen einen Betreuer von sich aus aussuchen und bestellen.

Denkbar ist aber, dass die zu betreuende Person z. B. Betreuungsvereine aufsucht, um deren Arbeit und Betreuungskonzept kennenzulernen. Es kommt in Betracht, den Vorstand des Betreuungsvereins zu bitten, einen seiner haupt- oder nebenamtlichen Mitglieder als Betreuer bestellen zu lassen.

Die Betreuungsverfügung müsste dahin formuliert werden, dass der Vorstand des Betreuungsvereins dem Vormundschaftsgericht einen Betreuer vorschlägt.

**Was sagt der Jurist:** Da die Betreuungsvereine der staatlichen Anerkennung bedürfen, wird im Regelfall das Vormundschaftsgericht dem Vorschlag des Betreuungsvereins auch folgen.

## III. Der Berufsbetreuer

Ist die zu betreuende Person nicht in der Lage, einen Betreuer zu benennen, wird das Vormundschaftsgericht in aller Regel einen Berufsbetreuer bestellen. Berufsbetreuungen werden von Amtsbetreuern, freiberuflichen Betreuern und Vereinsbetreuern durchgeführt. Amtsbetreuer sind regelmäßig bei der Stadt, beim Landkreis, beim Bezirksamt etc. angestellt, Vereinsbetreuer bei einem Betreuungsverein.

**Was sagt der Jurist:** Berufsbetreuungen kommen insbesondere in Betracht bei Menschen mit chronisch-psychischen Erkrankungen, Menschen mit geronto-psychiatrischen Erkrankungen, Menschen mit Suchterkrankungen und Menschen mit einer geistigen Behinderung. Ein ehrenamtlicher Betreuer aus einem Betreuungsverein wäre hiermit regelmäßig überfordert.

# D. Die Rechtsstellung des Betreuers

## I. Die Befugnisse des Betreuers

Der Betreuer vertritt den Betreuten gerichtlich und außergerichtlich. Er hat die Stellung eines gesetzlichen Vertreters. Die Vertretungsmacht besteht für den dem Betreuer zugewiesenen Umfang (Aufgabenkreis). In Betracht kommen sowohl Totalbetreuungen, als auch Teilbetreuungen z. B. nur für die Aufenthaltsbestimmung, die Zustimmung zu ärztlichen Maßnahmen, die Unterbringung, die Vermögenssorge etc. Der Betreuer hat für den Betreuten praktisch alles zu regeln, was der Betreute selbst nicht mehr regeln kann. Bei einer Totalbetreuung ist der Betreuer quasi der „Generalbevollmächtigte" des Betreuten, und zwar einschließlich der gesundheitlichen Belange des Betreuten.

## II. Die Pflichten des Betreuers

Der Betreuer darf nur bestellt werden, wenn er für die Betreuung geeignet ist und sich zur Betreuung bereit erklärt hat. Im Übrigen ist der Betreuer verpflichtet, sich an die in der Betreuungsverfügung geäußerten Wünsche zu halten. Der Betreuer hat die Interessen, gegebenenfalls die mutmaßlichen Interessen, des Betreuten zu wahren. Bei einem Verstoß hiergegen haftet der Betreuer, z. B. wenn der Betreuer zu Gunsten des Betreuten einen aussichtslosen Prozess führt.

## III. Die Kontrolle des Betreuers

Im Gegensatz zum Bevollmächtigten einer Vorsorgevollmacht unterliegt der Betreuer der Kontrolle durch das Vormundschaftsgericht. Das Vormundschaftsgericht hat zu prüfen, ob die Betreuung ordnungsgemäß ist, ob ein Missbrauch vorliegt etc. Überprüft wird immer nur die Rechtmäßigkeit der Handlungen des Betreuers, nicht, ob die Handlungen immer zweckmäßig waren. Angehörige des Betreuten können den Betreuer nicht kontrollieren, das heißt, sie haben keinen Anspruch darauf, dass der Betreuer ihnen gegenüber seine Entscheidungen rechtfertigt oder Rechnung legt. Bei Missbrauchsverdacht haben die Angehörigen lediglich die Möglichkeit, sich an das Vormundschaftsgericht zu wenden. Dieses kann den Betreuer entlassen, wenn die entsprechenden Voraussetzungen nach § 1908 b BGB vorliegen.

## IV. Die Vergütung des Betreuers

Die Höhe der Vergütung des nicht berufsmäßigen Betreuers kann in der Betreuungsverfügung geregelt werden, jedenfalls wenn der Betreute über hinreichendes Vermögen verfügt. Die Vergütung der Berufsbetreuer richtet sich nach dem VBVG (Vormünder- und Betreuervergütungsgesetz).

## V. Welche Rechte haben die Erben gegenüber dem Betreuer?

Rechtsnachfolger des Betreuten sind seine Erben. Der Vermögensbetreuer hat das Vermögen an die Erben herauszugeben. Ferner hat er über die Verwaltung des Vermögens gegenüber dem Vormundschaftsgericht Rechenschaft abzulegen. Er hat einen Schlussbericht und eine Schlussrechnung vorzulegen. Die Erben haben bei Bestehen eines berechtigten Interesses das Recht, die Betreuungsakten beim Vormundschaftsgericht einzusehen und Kopien davon zu fertigen. Ein berechtigtes Interesse liegt insbesondere dann vor, wenn sich die Erben kein vollständiges Bild vom Nachlass machen können und sich Fragen stellen, die nur der Betreuer beantworten kann bzw. sich nur nach Kenntnis des Schlussberichtes und der Schlussabrechnung möglicherweise beantworten lassen.

# E. Formalien der Betreuungsverfügung

## I. Muss die Betreuungsverfügung notariell beurkundet werden?

Für die Betreuungsverfügung ist eine Form nicht vorgeschrieben. Sie kann schriftlich und/oder mündlich abgegeben werden. Es liegt auf der Hand, dass eine schriftliche Betreuungsverfügung als Nachweis empfehlenswert ist. Eine notarielle Beurkundung ist nicht erforderlich, gleichwohl ist rechtliche Beratung dringend zu empfehlen, entweder bei spezialisierten Notaren oder Fachanwälten für Erbrecht.

## II. Wo wird die Betreuungsverfügung aufbewahrt?

Es gibt keine Vorschriften über die Aufbewahrung der Betreuungsverfügung. Allerdings ist jede Person verpflichtet, die Betreuungsverfügung beim Vormundschaftsgericht abzuliefern, nachdem sie von der Einleitung eines Verfahrens über die Bestellung eines Betreuers Kenntnis erlangt hat. Der Grund für diese Vorschrift ist, dass dem in der Betreuungsverfügung geäußerten Willen der zu betreuenden Person Rechnung getragen werden kann. Denkbar und empfehlenswert ist sicherlich die Registrierung der Betreuungsverfügung beim zentralen Vorsorgeregister der Bundesnotarkammer. Keinesfalls sollte die Betreuungsverfügung im Banksafe aufbewahrt werden. Es besteht die Gefahr, dass sie nicht rechtzeitig aufgefunden wird und damit der Wille des zu Betreuenden nicht berücksichtigt werden kann.

# Stichwortverzeichnis